SOUVENIRS

DU

COLLÈGE DE ROUEN

F. BOUQUET

SOUVENIRS DU COLLÈGE DE ROUEN

PAR UN ÉLÈVE DE PENSION

(1829-1835)

NOUVELLE ÉDITION REVUE ET AUGMENTÉE

ROUEN

IMPRIMERIE CAGNIARD (LÉON GY, SUCCESSEUR)

rue Jeanne-Darc, 88

1895

SOUVENIRS

DU

COLLÈGE DE ROUEN

(1829-1835)

En ce temps-là, le Collège de notre ville n'avait pas, comme aujourd'hui, une belle place plantée d'arbres vigoureux, avec la rue de la République pour débouché et l'Hôtel de la Gendarmerie comme vis-à-vis. La rue du Grand-Maulévrier, qui en permettait l'accès par ses deux extrémités, était bordée d'une longue suite de maisons, d'inégale grandeur, assez mal bâties et mal alignées sur tout son parcours. La ligne des bâtiments du Collège, donnant sur cette rue, n'offrait pas un meilleur aspect, avec sa suite de hautes bornes, depuis la porte des cuisines jusqu'au bâtiment en saillie, situé plus haut, qui étranglait la rue, à partir de cet endroit. En somme, la rue du Grand-Maulévrier était une rue triste et presque déserte, sauf aux heures de l'entrée et de la sortie des classes, quand les externes la remplissaient de leur animation et de leur bruit.

Pour bon nombre d'entr'eux, elle n'avait d'intérêt qu'à l'endroit de son parcours où se dressait la borne sur laquelle un brave homme, ancien coureur du comte d'Artois (le roi régnant sous le nom de Charles X, depuis 1824), déposait, chaque jour, sa bannette chargée de gâteaux. Le jeudi et le dimanche, il suivait, d'un pas

6

agile encore, sa bannette sur la tête, les élèves du Collège
et ceux des pensions, dans leurs différentes promenades
autour de Rouen, bien connu de tous sous le sobriquet
professionnel qu'ils lui avaient donné : « Le Père Tar-
tinet. »

En 1829, la grande porte d'entrée du Collège offrait
l'aspect qu'elle a encore aujourd'hui. Elle en différait
seulement par quelques détails qui tiennent à cette date.
Au-dessus de la porte, dans un écusson ovale, bombé, en
marbre noir, on lisait ces mots gravés en lettres dorées et
disposés ainsi :

COLLEGIUM

REGIUM

ROTHOMAGENSE.

L'inscription datait du temps des Jésuites, les construc-
teurs et les premiers occupants de l'édifice. L'écusson,
soutenu par les deux anges qui surmontent le cintre de
la porte d'entrée, avait en relief les armes de France, les
trois fleurs de lis et la couronne fermée. Le centre du
motif du fronton, un saint-esprit? entouré de têtes d'anges,
était mutilé depuis longtemps. Le petit campanile, au-
dessus du fronton et du toit, se terminait par une croix
en fer. C'étaient là autant de souvenirs du même temps.

Le petit campanile renfermait une cloche, qui s'y
trouve encore, sans avoir rien retenu de son ancien rôle,
quand elle servait à régler les principaux mouvements de
la journée dans le Collège. Le portier, chargé de ce service, la sonnait un quart d'heure avant les classes du
matin et du soir, et aux heures de l'entrée et de la sortie
des classes, qui étaient invariablement huit heures et dix
heures du matin, deux heures et quatre heures du soir.
Les sons de cette cloche, d'ailleurs peu volumineuse, ne
pouvaient être entendus que des établissements voisins

du Collège ; mais on n'en respectait pas moins l'usage de la sonner, sans aucune utilité pour les autres.

Une grille en fer donnait accès dans la cour d'honneur, comme aujourd'hui, et cette cour était complètement nue. En face se trouvait le perron avec les trois arcades conduisant au parloir, dont la destination vient d'être changée. Au-dessus d'eux, dans un frontispice, apparaissait le cadran de la vieille horloge des Jésuites, où, sous l'action du temps, tout était terne, délabré, le cadran, les aiguilles, le chiffre des heures, et les lettres du vers latin, peintes sur son pourtour :

HIC LABOR, HIC REQVIES MVSARVM PENDET AB HORIS.

« Ici le travail, ici le repos des Muses est sous la dépendance des Heures. » C'était une façon ingénieuse de dire que l'horloge réglait l'emploi du temps au Collège ; mais quelle autre destination pouvait-elle donc avoir ?

Outre les heures, l'horloge, cinq minutes avant l'heure, sonnait un *petit coup*, dont l'importance était grande pour les classes. Avant l'heure réglementaire de l'entrée en classe, il faisait ouvrir la grande porte et la grille aux externes. Le petit coup qui la suivait leur en faisait interdire impitoyablement l'entrée, et il fallait recourir au censeur pour qu'un élève ou une pension en retard ne fussent pas obligés de retourner au logis. Celui qui précédait l'heure de la sortie donnait le signal de la distribution des cahiers de correspondance.

Cette vieille horloge avait souvent des absences ; ou bien elle retardait, c'était son péché d'habitude, ou même elle s'arrêtait tout court. Quand cet arrêt coïncidait avec l'heure de la sortie, on restait quelques minutes de plus en classe, le petit tapin attendant aussi pour battre sa caisse que l'horloge voulût bien sonner.

8

L'Académie universitaire de Rouen (car Rouen en possédait une qu'elle gardera jusqu'en 1848) avait alors à sa tête, comme recteur, M. Faucon, docteur ès-lettres et bachelier ès-sciences, officier de l'Université. Par une singulière confusion de pouvoirs, depuis 1822 jusqu'en 1828, il fut aussi proviseur du Collège, et les Palmarès de ces années sont signés : « *Le Recteur de l'Académie, Proviseur,* FAUCON. On l'appelait : « Faucon oncle », pour le distinguer de son neveu qui, professeur de seconde, en 1823, fût « professeur-censeur », et définitivement « proviseur », en 1829; son nom courant était « Faucon neveu ». Ces anomalies administratives furent vues d'un mauvais œil, et le *Journal de Rouen* était l'écho de l'opinion publique, quand il signalait les « scandaleux cumuls dont la famille Faucon donnait l'exemple » (7 août 1829). Cependant le Palmarès de cette année est signé : « *Le Proviseur du Collège royal,* FAUCON. » Et, plus bas, on lit : « *Vu par le Recteur de l'Académie,* FAUCON. » De là, dans le monde universitaire, et ailleurs, une sourde hostilité contre cette famille.

Au 1er janvier 1830, voici les noms des fonctionnaires du Collège royal de Rouen :

ADMINISTRATION

Proviseur : M. Faucon, neveu. *Censeur des études :* M. Guyot. *Aumônier :* M. l'abbé Lefebvre. *Econome :* M. Meslin.

ENSEIGNEMENT CLASSIQUE

Philosophie : M. l'abbé Denise. *Rhétorique :* M. Magnier. *Sciences physiques :* M. Braive. *Mathématiques spéciales :* M. Meaume. *Mathématiques élémentaires :*

M. Dainez. *Seconde :* M. Pelletier. *Troisième :* M. Giffard. *Quatrième :* M. Boucley. *Cinquième :* 1re division, M. Grout ; 2e division, M. Houé. *Sixième :* 1re division, M. Sabbathier, 2e division, M. Brunet. *Professeur d'Histoire :* M. Corneille.

COURS SPÉCIAUX D'INSTRUCTION COMMERCIALE

En première année, les Professeurs étaient : MM. Dainez, Pelletier et Boucley, de l'enseignement classique, et M. Sparrow, pour l'*Anglais*.

En second année : MM. Meaume, Braive et Magnier, de l'enseignement classique, et M. Sparrow, pour l'*Anglais*, M. Houel, *Droit commercial*, et M. Busiquet, *Dessin linéaire*.

Parmi tous ces professeurs, bon nombre étaient sortis de l'Ecole normale. Ainsi, MM. Boucley, Faucon, Magnier, appartenaient à la promotion de 1810 ; M. Corneille, à celle de 1813 ; M. Sabbathier, à celle de 1814 ; M. Braive, à celle de 1816. C'était là une garantie sérieuse de leur science professionnelle, et l'enseignement, en général, avait une valeur incontestable au Collège de Rouen.

A la rentrée de l'année scolaire 1829-1830, le chiffre total des élèves qui suivaient en commun les cours du Collège et prenaient part aux mêmes compositions, internes, externes de pension et externes libres, était d'environ 500, soit 200 internes, 250 externes de pension et 50 externes libres. Ce chiffre aurait été plus élevé, mais on voit qu'à partir de la rentrée de 1828 les maîtres de pension ne conduisaient plus leurs élèves au Collège dans la classe de septième, qui avait alors deux divisions. Ils n'en avaient jamais conduit dans la classe des commençants, la huitième et dernière classe de ce temps-là. A partir de 1828, c'est chez eux qu'ils préparaient leurs élèves à entrer immédiatement en sixième.

En 1830, il y avait, à Rouen, d'après l'almanach de cette année, vingt établissements d'instruction secondaire, trois institutions et dix-sept pensions. Les chefs des institutions devaient être licenciés ès-lettres ou ès-sciences, ou bien bacheliers ès-lettres et ès-sciences. Pour les maîtres de pension, le simple titre de bachelier ès-lettres ou ès-sciences suffisait.

Les trois chefs d'institution étaient MM. Lesueur, Lévy et l'abbé Eude.

Les maîtres de pension, MM. Duval, Colombel, Pinel, Châtel, Dusseaux frères, Bastille, Mainot, Vallée, Dusseaux jeune, Savigny, de Bréville, Payrault, Berger, Leturgis, Leroy, Hervieu et Dubosc. De ces vingt établissements, quatorze seulement conduisaient leurs élèves au Collège, pendant l'année scolaire 1829-1830, à en juger d'après le Palmarès de 1830, où leur nom figure pour des prix ou des accessits obtenus par leurs élèves.

L'attirail d'un externe de ce temps-là était assez nombreux et assez gênant, au moins dans les classes de grammaire. Il lui fallait apporter trois ou quatre livres pour les leçons, un ou deux pour les auteurs, et trois cahiers pour la dictée des textes, le brouillon et les corrigés. Les jours de composition, les dictionnaires remplaçaient ce qu'on laissait à la pension, et la charge ne diminuait pas en changeant de nature, bien au contraire. Pour y suffire, l'externe se servait d'une sangle de cuir, percée de plusieurs trous, avec une boucle munie d'un ardillon, qui aidait à retenir et à transporter, un peu plus commodément, tous ces *impedimenta* scolaires. Il fallait aussi porter un encrier, généralement en corne, divisé en deux parties, réunies à l'aide d'une vis, ce qui ne l'empêchait pas de s'ouvrir bien souvent dans la poche, au grand dommage de celle-ci d'abord et des autres vêtements. Une plume d'oie (car la plume de fer n'était pas encore inventée) en était l'accompagnement obligé, avec un canif pour la tailler, quand elle subissait des avaries imprévues en route.

Dans les hautes classes, qui, d'ailleurs, exigeaient beaucoup moins de livres, le suprême bon ton était de n'avoir rien dans les mains, tout dans les poches, ou bien sous le gilet. On avait alors un air dégagé qui contrastait singulièrement avec l'allure pesante des camarades des basses classes, surtout les jours de composition.

C'est en 1829, le mardi 3 octobre, jour de la rentrée des classes pour les pensions, que je franchis, pour la première fois, comme externe de la pension Pinel, située alors route de Neufchâtel, n° 10 (12 aujourd'hui), la grande porte et la grille du Collège royal de Rouen, après avoir assisté, avec les internes, les pensions et les externes libres, à la messe du Saint-Esprit dite par l'aumônier, M. l'abbé Lefebvre, dans la chapelle du Collège.

Une fois la grille franchie, les élèves se séparaient pour aller se grouper sur les cinq ou six marches du perron donnant accès à la porte de leur classe respective, ou se placer au-dessous, dans la cour, quand leur nombre était plus considérable. C'est là qu'ils attendaient les professeurs jusqu'à ce que l'heure vînt avertir ceux-ci de sortir du vestiaire voisin de la Salle des Actes (le parloir aujourd'hui), revêtus de leurs robes et de leur toque, qu'ils portaient toujours, en y ajoutant même le rabat, quand venaient les inspecteurs généraux. Ils avaient tous la figure rasée, portaient la cravate blanche, et la dignité de leur maintien, autant que leur costume et leur âge, inspiraient un profond respect. Les rangs s'ouvraient pour leur livrer passage vers leur classe, et les externes entraient immédiatement sur leurs pas. Peu de temps après, les internes occupaient le côté de la classe qui leur était assigné, en face des externes ; car, en classe, comme dans tous les mouvements, on s'attachait toujours à isoler les uns des autres.

L'aspect des classes avait quelque chose de triste et presque de glacial. Elles étaient généralement vastes, et si vastes que d'une seule on put en faire deux plus tard. Au-dessus de la chaire du professeur était une croix en bois noir, et, près de la chaire, un ou deux bancs, dits bancs d'honneur. Dans tout le pourtour, le long des murailles, étaient appliqués de solides bancs de chêne, avec dossiers et marchepied, qui remontaient, bien sûr, pour la plupart, au temps des Jésuites. Quand le nombre des élèves l'exigeait, d'autres bancs mobiles, sans dossier ni marchepied, étaient placés au milieu de la classe pour recevoir l'excédent des élèves. Le siège et le dossier des premiers étaient fort luisants, tant ils avaient été usés par les culottes et par les habits des générations précédentes, qui ne leur en avaient pas gardé rancune. Sur ces bancs, comme sur les murs voisins, on lisait une foule de noms gravés, à force de patience et de temps, à l'aide de couteaux ou de canifs habilement dissimulés, avec l'espoir de passer à la postérité la plus reculée. Vain espoir ! un jour vint où tant de labeurs disparurent avec les bancs eux-mêmes, pour faire place enfin à une installation plus confortable et plus judicieuse du matériel des classes. On ne saura jamais la gêne et la fatigue qu'imposait aux pauvres élèves, partout ailleurs qu'au banc d'honneur, le supplice de prendre les dictées et surtout celles d'histoire, sur ses genoux, le corps plié en deux, en tenant son cahier et son encrier d'une main, et sa plume de l'autre. C'était là une excuse légitime à la mauvaise écriture tant reprochée aux *Latinistes* de ce temps-là.

Le sort d'une composition faite dans la première semaine d'octobre 1829 me mit, avec une quarantaine d'autres, internes et externes, dans la première division de sixième, sous M. Sabbathier.

Entré en classe, le professeur, suivant l'habitude du temps, nous fit tous mettre à genoux pour la prière, qu'il dit lui-même. D'autres la faisaient dire par l'élève qui était le premier. Au commencement de la classe, c'était : *Veni, Sancte Spiritus ;* et, à la fin : *Sub tuum præsidium.*

Ce professeur était d'un aspect sévère et d'un caractère rigide ; il ne riait jamais et ne pouvait souffrir le moindre chuchotement dans sa classe. Il plaçait une grosse montre sur le coin, non pas de sa chaire, mais de la table fort grossière qui lui en tenait lieu, et, quand son tic-tac n'arrivait plus à son oreille : « Arrêtez, s'écriait-il, on ne s'entend plus, c'est une halle ! » Frappés de crainte, les élèves osaient à peine respirer, et quand le tic-tac de la montre était entendu de tous : « Continuons ! » disait-il. Fort maladif, à cette époque, il souffrit beaucoup avec nous pendant le cruel hiver de 1830, où survint l'un des plus grands froids du XIXᵉ siècle, 20 degrés Réaumur. L'encre, gelée dans nos encriers de corne, ne permettait pas toujours de prendre le texte des devoirs dictés, et même, pendant toute une semaine, la rigueur du froid devint telle que les cours du Collège furent suspendus, dans l'impossibilité où l'administration se trouva de pouvoir chauffer suffisamment les classes.

M. Sabbathier était un homme de devoir et d'une justice exemplaire qui faisait bien sa classe (1).

(1) Il mourut, professeur honoraire du Lycée de Rouen, et officier de l'Instruction publique, en 1866.

14

J'eus le plaisir de rencontrer dans sa classe les premiers camarades, devenus et restés les amis de toute ma vie : Louis Lamory, Etienne Asselin, Gustave Boutigny, Eugène Duvivier (1).

En 1829, l'enseignement classique du Collège faisait vivre les élèves dans une atmosphère presque exclusivement latine. Le Français proprement dit n'avait sa place nulle part dans les exercices du Collège. Vainement on en chercherait le nom dans le Palmarès depuis la classe des commençants jusqu'à la rhétorique. Il y apparaît alors sous le nom de « Discours français », comme en Philosophie sous le nom de « Dissertation française », après, toutefois, le Discours latin et la Dissertation latine tenus en bien plus haute estime. Une place lui sera faite, en 1828, mais en dehors de l'enseignement classique, lors de l'ouverture des cours spéciaux d'instruction commerciale. A la distribution des prix de 1829, le nom de « Rhétorique française » retentit pour la première fois parmi les récompenses accordées à la première année de ce nouvel enseignement. L'année suivante, ce titre sera modifié en celui de « Français », qui avait plus d'extension, pour la première et la seconde année de cet enseignement qu'on put établir en 1829, parce qu'il s'était présenté assez d'élèves pour en suivre les cours.

Dans aucune des classes dites de grammaire on ne faisait d'exercices français ; le tout se bornait à apprendre quelques règles de grammaire française, sans jamais les expliquer ni les appliquer. Aussi l'on se demande avec étonnement comment les élèves, qui n'avaient pas reçu d'autres leçons que celles du Collège, pouvaient apprendre et savoir l'orthographe.

(1) Voir Appendice I, p. 99.

On flattait bien gratuitement les élèves de sixième et même des classes plus élevées, en supposant qu'ils possédaient tous l'orthographe. Ce n'était pas plus vrai que pour la loi que tout le monde est censé connaître.

Le Français était donc sacrifié au Latin, et j'ai toujours été surpris de voir plusieurs de nos professeurs mettre sur les témoignages de satisfaction qu'ils accordaient : *Semel, bis, ter, quater valeat*. Cela s'appelait même, dans la langue des élèves, un *Valeat*, comme on disait un *Exeat*. Mais son remplaçant, *Exemption*, ne se fera pas longtemps attendre.

L'ensemble des matières d'enseignement et des devoirs dictés était assez restreint. Ainsi, dans les classes de grammaire, en sixième, le professeur ne sortait pas du thème latin et de la version latine. Celui de cinquième y ajoutait la version grecque, et celui de quatrième les vers latins. Dans les classes d'humanités, le programme de la troisième était la répétition de celui de la quatrième, et l'on ne trouvait en plus, dans la seconde, que la narration latine et les mathématiques préparatoires. En rhétorique, arrivaient tout naturellement le discours latin et le discours français, ajoutés aux facultés des classes précédentes. Il faut y joindre l'histoire et la géographie, depuis la seconde jusqu'à la cinquième inclusivement. Enfin le couronnement des études était la classe de philosophie, instituée en 1818, dont le nom seul indique l'objet, où les devoirs étaient la dissertation française et la dissertation latine.

On voit donc que l'enseignement des langues vivantes n'existait dans aucune des classes de l'enseignement classique proprement dit, et qu'il se trouvait seulement, en 1829-1830, dans les deux années d'Instruction commerciale.

16

L'Histoire et la Philosophie auraient pu produire d'heureux résultats dans l'ensemble des études classiques ; mais il n'en fut pas ainsi, ni pour l'une ni pour l'autre. Je laisse à un ancien élève du Collège de Rouen, M. Théodore Muret, le soin de parler de la première, n'ayant pas été sous le professeur chargé alors de l'enseignement historique.

L'introduction de l'histoire et de la géographie date du temps de mes études, dit-il. Le premier professeur chargé de cette chaire à Rouen fut M. Corneille, aujourd'hui membre du corps législatif (1857). Il était bien qu'un représentant de ce nom glorieux, qu'un descendant direct de l'auteur de *Cinna* concourût à l'instruction de la jeunesse dans la ville illustrée par son immortel ancêtre ; mais ce grand souvenir n'imposait guère à la race tapageuse des écoliers, et, comme la classe de M. Maillet-Lacoste (la rhétorique), celle de M. Corneille n'était pas, il faut l'avouer, un modèle d'ordre et de silence (1).

En d'autres termes, la discipline faisait défaut dans les quatre classes où le professeur distribuait l'enseignement historique, et l'on sait que, sans discipline, il n'est point d'enseignement, je ne dis pas profitable, mais même possible.

Pour d'autres causes, la classe de philosophie était peu goûtée également. On y enseignait ce que l'on appelait alors « la Philosophie de Lyon », subordonnant la Philosophie à la Théologie, *Philosophia ancilla Theologiæ*, comme le disait la scolastique du moyen-âge. Là se rencontraient les deux éléments qui constituaient la scolastique, l'esprit du catholicisme et la philosophie proprement dite, avec une prédominance marquée pour l'étude et pour l'emploi du syllogisme. Un prêtre, excellent

(1) Feuilleton du *Journal de Rouen* du 21 septembre 1857, sous ce titre : « Souvenirs du Collège de Rouen, 1817-1823. »

homme, M. l'abbé Denise, était chargé de cet enseignement philosophique.

Les difficultés de la forme venant s'ajouter aux difficultés du fond pour la dissertation latine, placée officiellement bien avant la dissertation française, rien n'était
plus extraordinaire que le latin des philosophes de ce
temps-là. On en citait de prodigieux échantillons qui
faisaient le tour du Collège, à la grande satisfaction de
tous les élèves qui se piquaient de latinité.

A vrai dire, ces deux enseignements si importants,
l'Histoire et la Philosophie, laissaient fort à désirer avant
1830, dans le Collège de Rouen. C'était de notoriété
publique.

Les compositions avaient lieu, pour les Lettres, tous
les quinze jours, le mardi, régulièrement, et, tous les
quinze jours aussi, les places étaient données, avec solennité, en présence du proviseur accompagné du censeur.
Les six premiers élèves, internes et externes, prenaient
place sur le banc d'honneur, quand ses dimensions le
permettaient ; les autres se rangeaient sur les bancs du
pourtour, d'après leurs places, et sur ceux qui occupaient
le milieu de la classe, réservés aux derniers.

Sous la Restauration, il existait une croix d'argent destinée à l'élève qui avait obtenu la première place. Sa forme
était celle d'une étoile à cinq branches avec une fleur de
lis dorée sur le centre. Une petite chaînette de même
métal servait à l'attacher à la boutonnière, et, après
l'avoir portée une quinzaine de jours, celui qui l'avait
reçue la remettait au proviseur, à son entrée en classe, et
le proviseur la donnait à l'élève proclamé le premier.
Cette croix jouait alors un grand rôle dans la vie du
Collège.

De mon temps (1817-1823), disait M. Théodore Muret, le plus
superbe rhétoricien s'en faisait honneur, non seulement en classe,
mais dans la rue et partout. La croix était une gloire qui rejaillis-
sur la pension dont un élève l'obtenait. Quand on revenait du Collège après que les places avaient été données, cette annonce : « Un
tel est premier, » faisait événement ; les camarades formaient au por-
teur de la croix comme un cortège triomphal, et son entrée dans
l'étude était accueillie par des bravos redoublés.

Rien n'était changé en 1829-1830, dans les pensions
de Rouen sous ce rapport, et les maîtres de quelques-unes,
faisant chorus avec leurs élèves, ajoutaient même au
menu du dîner du jour un gâteau et un verre de vin pour
tous leurs élèves, bien convaincus de cette vérité d'un
ancien : *Honos alit artes.* L'honneur devenait ainsi
l'aliment et la récompense du travail et du succès.

Pour les compositions des prix, les élèves étaient dans
l'habitude de mettre, en tête de leur copie, leur prénom,
nom de famille, lieu de naissance, l'établissement auquel
ils appartenaient, en cachant le tout sous une bande de
papier passée, à l'aide de deux entailles faites dans la
copie, au-dessus et au-dessous de ces diverses indications.
C'était l'équivalent d'un usage vieux de deux siècles dans
le Collège de Rouen et qui remontait aux Jésuites. En
parlant de leurs compositions des prix, Hercule Grisel
nous l'apprend dans ses *Fastes de Rouen* : « Il est dé-
fendu d'écrire son nom sur la copie : on place au bas
une devise, un autre papier porte le nom ; ce dernier est
mis sous pli cacheté (1). »

La précaution bien inutile pour la justice des pro-

(1) *In charta vetitum est proprium subscribere nomen :*
  Dictum supponunt, altera nomen habet,
  Impresso quæ nomen habet munita sigillo est.
  Mois de Septembre, vers 97-99.

fesseurs du xixᵉ siècle, se prenait cependant par tradition. Mais on allait bientôt y renoncer.

Un autre usage était de s'en tenir au seul classement de la dernière composition pour accorder les prix et accessits, au nombre de deux prix et de six accessits par quarante élèves. Avec ce système d'une composition unique, on arrivait quelquefois à des résultats fort surprenants, le jour de la distribution des prix. Tel élève, qui avait été toujours le premier dans une faculté, pendant tout le cours de l'année, n'obtenait pas même un accessit dans cette faculté, et il voyait les nominations aller à des élèves fort souvent classés en dehors des dix premiers dans les compositions ordinaires.

La distribution des prix se faisait plus tard qu'aujourd'hui, entre le 8 et le 13 août.

Après avoir eu lieu fort longtemps dans la chapelle du Collège, elle se fit dans l'une des cours, et ce fut à cause de l'autorité diocésaine. Mgr de Croy, nommé archevêque de Rouen le 17 novembre 1823, avait été installé dans sa dignité le 21 février 1824. L'un de ses premiers actes fut d'interdire aux élèves du grand séminaire de suivre les cours du Collège à partir de la rentrée de 1824, ce qu'ils avaient fait depuis 1821 pour les classes de rhétorique, de seconde, de troisième et de quatrième. Bientôt le cardinal réclama contre la distribution des prix dans la chapelle du Collège, la jugeant contraire à la sainteté de l'édifice et il obtint gain de cause. En août 1826, le public fut prévenu que la distribution des prix aurait lieu dans l'ancienne Salle des Actes (le parloir du Lycée aujourd'hui), et que : « Vu l'exiguïté du local de la distribution, il n'y aura d'admis dans la salle d'administration que les députations des magistrats, des fonctionnaires et des personnes invitées » (*Journal de Rouen*, 6 août 1826). Le reste de l'assemblée, parents, amis et élèves de toutes catégories, fut forcément placé dans la cour d'honneur, exposé à tous les hasards de l'atmosphère et privé de la vue du théâtre où se distribuaient les prix et les couronnes.

En 1828 seulement on fit construire, dans la cour des Moyens, une vaste salle en charpente en vue de cette cérémonie. Au fond se trouvait une estrade élevée et adossée à la rue des Minimes, pour les autorités invitées à la distribution et pour les professeurs. Des gradins, disposés des deux côtés de cette estrade, recevaient les internes à droite des autorités et les externes à gauche. La décoration de la salle était fort simple, mais élégante. Des piliers, soutenant la toiture en bois de distance en distance, laissaient passer la lumière et, entourés d'étoffes blanches et rouges, figuraient des colonnes torses d'un gracieux aspect.

L'inconvénient était que, chaque année, il fallait reconstruire cette salle de charpente, avec beaucoup de temps et d'argent, ce qui n'avait pas lieu avant l'interdiction de la chapelle.

Pour la troisième fois, on la reconstruisit, à cette même place, en vue de la distribution des prix de 1830, mémorable à plus d'un titre.

Les six dernières semaines de l'année scolaire avaient été fort agitées à Rouen, à cause des événements politiques dont le Collége subit le contre-coup. Le matin du samedi 10 juillet, les élèves étaient en classe, quand tout à coup tonna le canon de la garde nationale sur les quais, pour annoncer la victoire de l'armée française entrée dans Alger, cinq jours auparavant. C'était peu de temps avant la fin de la classe, et le canon tonnait toujours, quand dix heures vinrent à sonner. Les externes, débouchant alors tous à la fois de toutes les classes dans la cour d'honneur, n'attendirent pas d'avoir franchi la grande porte du Collège pour manifester leur enthousiasme ; il éclata, pendant plusieurs minutes, en cris joyeux et patriotiques, à l'adresse de l'armée et de la France.

Quinze jours après, le 25, Charles X signait les fameuses ordonnances, qui devaient entraîner la révolution des 27, 28 et 29 juillet 1830 (mardi, mercredi et jeudi), et la chute de son trône. Pendant ces jours de lutte, les cours du Collège furent forcément interrompus. On les rétablit le samedi 31 pour achever quelques compositions des prix restées en retard.

Ce même jour, l'ancienne administration municipale avait cessé ses fonctions, laissant la place à une commission municipale qui arrêta que, le lendemain, « le drapeau tricolore flotterait sur l'Hôtel-de-Ville. » Il y fut en effet arboré le dimanche 1er août 1830, à une heure, au-dessus d'une construction carrée du plus mauvais goût, qui couronnait le faîte de l'édifice, vers le milieu, et, en retraite sur le péristyle à colonnes qu'on voit aujourd'hui. Son apparition, en remplacement du drapeau blanc fleurdelisé, fut saluée par les bravos et par les applaudissements les plus chaleureux. Toute la place Saint-Ouen était pleine de monde, et une foule d'anciens soldats de l'Empire, si nombreux à Rouen, à cette époque, éclatait en patriotiques transports, trouvant dans cette révolution la revanche inespérée de Waterloo. Là aussi étaient les élèves du Collège, ni moins joyeux, ni moins démonstratifs que les autres.

A dater de ce jour, les insignes du régime déchu furent effacés sur toutes les enseignes de la ville et grattés sur les monuments publics.

Enfin arriva la distribution des prix, le lundi 9 août 1830, dans la salle construite, comme il a été dit. Le président était, suivant l'usage, le recteur de l'Académie, M. Faucon oncle, d'un âge fort avancé, de très grande taille, assez courbé. Le général commandant la division, les députations de la cour royale, du tribunal de première instance, du tribunal de commerce, de la garde nationale, de la garde royale et de l'Académie, avec plusieurs autres fonctionnaires civils et militaires assistaient, comme à l'ordinaire, à cette cérémonie. La présence de la députation de la garde royale fut d'autant plus remarquée qu'à un moment les deux bataillons du 5e régiment de la garde, tenant garnison à Rouen, avaient inspiré quelques inquiétudes à notre ville. Mais la bonne harmonie s'était promptement rétablie, parce que, le 3 août, « la garde royale avait arboré les couleurs nationales ; que les officiers en tête étaient venus demander à la commission municipale un drapeau tricolore, et qu'ils avaient traversé la ville sous cet étendard. »

L'assistance fut, comme toujours, fort nombreuse, et bien installée dans cette salle, au bas de laquelle était placée la musique de la garde nationale, sur une estrade à part.

La nouvelle salle avait le mérite d'être un local presque fermé, et faisait moins regretter la chapelle, où « l'auditoire plus compact et plus concentré entre ces murs, était mieux disposé pour les émotions, pour cette électricité morale qui ne veut pas le vide. » (M. Théodore Muret.)

La cérémonie commença quand le recteur eut donné la parole à l'orateur.

Au lieu du discours d'usage, M. Magnier, professeur de rhétorique, a adressé aux élèves une courte allocution sur les devoirs que leur imposent les nouvelles conjonctures où nous nous trouvons, et sur la nécessité de se préparer, par de fortes études, des travaux constants et la pratique des vertus de l'homme et du citoyen, à parcourir la carrière politique ouverte devant la jeunesse.

Ce discours où les sentiments du plus pur patriotisme s'unissent à une grande modération, a été couvert d'applaudissements. » (*Journal de Rouen*, 10 août 1830).

Les couronnes étaient en vraies feuilles de chêne, bien faites et bien garnies, et les familles les conservaient d'une année sur l'autre. On donnait en prix des livres judicieusement choisis, deux in-8° pour un premier prix, un in-12 pour un second prix, reliés en veau plein, avec les armes de Rouen empreintes en or sur les deux plats, et ornés de filets dorés. Ces livres avaient vraiment bon air. Mais, comme il y a trois fleurs de lis dans les armes de Rouen et que le dos des livres portait aussi un semis de petites fleurs de lis, le recteur, en vue de prévenir toute réclamation, crut devoir dire : « Messieurs, surpris par les événements, le temps nous a manqué pour changer les insignes mis habituellement sur les livres de prix. Nous vous prions de les accepter tels qu'ils sont. » Tout le monde comprit l'impossibilité absolue de faire autrement, et c'est la dernière fois que les livres de prix du Collége reçurent ces ornements que les fleurs de lis firent proscrire depuis.

On se dispensa aussi de joindre aux livres de prix l'attestation habituelle, sous la Restauration, rédigée en latin et signée par le recteur. C'était, d'après le même amour du latin, que les professeurs et les administrateurs du Collège délivraient en latin les témoignages de satisfaction accordés aux élèves, comme il a été dit plus haut. Voici le texte de l'attestation des prix, sur un prix de 1823, pour la rareté du fait :

COLLEGIUM REGIUM
ROTOMAGAEUM (1)

SOLEMNIS PRÆMIORUM DISTRIBUTIO

Hoc   Præmium

jure meritus est ingenuus adolescens,

in   classe auditor,   die
mensis Augusti M DCCCXX   .
In cujus rei fidem Rotomagensis
Academiæ Rector.

Faucon.

Les interlignes étaient remplis par la mention de la
Faculté, le nom du lauréat, celui de la classe et la date de
la distribution. Un prix de thème (2) se disait : *Præmium
gallici sermonis in Latinum versi*, et un prix de version
latine : *Præmium latini sermonis in Gallicum versi.*
A moins d'avoir fait des études, les parents ne pouvaient
deviner en quelle faculté leur fils était couronné.

En 1830 une simple fiche en papier remplaça cette
attestation énigmatique et surannée. Elle portait, en fran-

(1) Les jésuites, que l'on imitait, disaient, plus correctement : *Collegium Rotomagense*, et un de leurs élèves aurait appris au recteur
la différence de ces deux adjectifs *Rotomagæum* et de *Rotomagense*,
par ses *Fasti Rothomagenses* signés Hercules Grisellus *Roto-
magæus*, où l'un est pour les personnes, l'autre pour les choses.

(2) On n'y joignait jamais le mot *latin* parce qu'alors le thème
grec ne faisait pas partie du programme des classes.

çais, le nom de la classe et la nature du prix, sans signature aucune.

D'autres précautions de même nature furent prises pour l'impression du Palmarès de 1830. Jusque-là, tous avaient porté, sur le titre : « Distribution faite au Collège *Royal* de Rouen. » L'épithète de *Royal* fut supprimée, aussi bien que l'écu de France, avec ses trois fleurs de lis et la couronne fermée qui les surmonte. On les remplaça par des attributs des Lettres et des Arts fort insignifiants. Pour désigner la qualité des internes, l'habitude était de mettre, dans le Palmarès : « Pensionnaire au Collège *Royal*, », ou bien : « Élève *royal* », quand les familles payaient la pension, ou quand la bourse était accordée par le roi. On tourna la difficulté, en mettant : «Pensionnaire au Collège », dans le premier cas, et : « Élève du Gouvernement », dans le second.

A cette époque, le Palmarès avait des dimensions fort modestes. Celui de 1830 n'a que trente et une pages petit in-4°, avec un feuillet imprimé d'un seul côté pour réparer un oubli.

La disposition mérite d'être signalée. En vain y chercherait-on le nom d'un seul des professeurs. Ce n'est qu'en 1843, sous le provisorat de M. Dainez, que leur nom figurera en tête de chaque classe ou de chaque enseignement (1). Le nom de baptême des lauréats précédait le nom de famille, suivant l'usage général de ce temps, et cet ordre ne sera interverti qu'à la distribution de 1867.

La liste des prix, en 1830, commençait par la rhétorique, tandis que les mathématiques spéciales, la physique-mathématique, la philosophie, les mathématiques

(1) En 1866, M. A. Gautier, proviseur, réunira, en tête du Palmarès, dans un tableau synoptique, le « Personnel du Lycée impérial de Rouen. »

26

élémentaires, la physique expérimentale et les cours spéciaux d'instruction commerciale étaient rejetés après la
classe des commençants. Aussi, quel était l'étonnement
de tous les assistants en voyant paraître sur l'estrade,
après les bambins des basses classes, de grands jeunes
gens, presque des hommes, qui touchaient à leur
vingtième année ou même l'avaient dépassée ! Il n'était
pas rare en effet que la conscription atteignît plusieurs
d'entre eux, quand ils étaient encore sur les bancs du
Collège, qu'ils quittaient pour tirer leur numéro. C'est
qu'à cette époque on entrait en sixième deux ou trois ans
plus tard qu'aujourd'hui, avant d'avoir atteint sa trei-
zième année (1) et le cours complet des études se terminait vers dix-neuf ou vingt ans. Un bachelier de moins
de seize ans, avec dispense, eût été un phénomène qui ne
serait entré dans l'idée de personne. C'est que tous,
maîtres, parents, élèves, en avaient la conviction profonde : « Les fruits de qualité inférieure sont mûrs avant
les autres », comme l'a dit un Ancien.

Il faut remarquer aussi qu'il n'y avait qu'un seul prix
d'honneur, celui de rhétorique pour le discours latin. Les
mathématiques spéciales et la philosophie en étaient pri-
vées, du moins au Collège de Rouen.

Le recteur, président habituel de la cérémonie, remettait seul les prix et les couronnes aux lauréats, et ces prix

(1) Seize ans plus tard, en 1846, dans ce même Collège de Rouen,
j'occupais la chaire de la division de quatrième, dont les élèves
étaient presque tous déjà de grands et solides jeunes gens. Aussi, en
les voyant, un inspecteur général dit, à son entrée en classe : « Je me
suis trompé, je ne suis pas en quatrième. » Éclairé sur ce point, il
voulut bien, après l'inspection, reconnaître qu'ils avaient encore
d'autres mérites que celui de la taille. — C'était le double bénéfice
de l'âge pour le corps et pour l'esprit.

étaient salués par de chaleureux applaudissements, avec cette particularité que, dans chaque camp, internes ou externes, on n'applaudissait que les siens. C'était une tradition qui remontait à l'origine du Collège, en 1804.

Longtemps les internes avaient eu la supériorité dans les distributions des prix. Ils la possédaient incontestablement en 1823. Mais elle était passée aux externes, dans les années suivantes, grâce à leur nombre et à leur travail, et, à la distribution de 1829, on pouvait signaler : « l'immense supériorité des élèves des pensions particulières sur les élèves du Collège royal. »

A la fin de l'année, il n'y avait plus que 475 concurrents, au lieu de 500 élèves dont il a été question plus haut, au début de l'année. La cause en était aux pertes qui se produisent toujours à cette époque.

Pour ces 475 concurrents, il fut accordé 429 récompenses, 110 prix et 319 accessits.

Les 193 internes obtinrent 161 nominations, 47 prix et 114 accessits, et les 282 externes, de toutes catégories, 268 nominations, 63 prix et 205 accessits. Le nom des externes retentit donc plus souvent que celui des internes.

Cette rivalité ardente, cet antagonisme généreux, explique les chaleureux bravos, les salves bruyantes et réitérées qui saluaient, dans chaque camp, les vainqueurs.

Il y avait cependant quelques exceptions, pour un nom particulièrement sympathique ou pour des succès extraordinaires. Mais cet honneur d'applaudissements unanimes n'était pas prodigué.

La distribution de 1830 en fournit un exemple, dont le souvenir dépassa l'enceinte du Collège, et que la presse a conservé.

Le jeune Louis-Charles Thil, élève de cinquième, institution Lévy, a remporté tous les premiers prix de sa classe. Le nom de son

28

père, qui en ce moment siège à la Chambre des Députés, lui a valu
de la part de ses condisciples une distinction flatteuse. Ordinairement les internes et les externes n'applaudissent que les noms des
élèves appartenant à leurs catégories respectives. Mais chaque fois
que celui du jeune Thil a été proclamé, des applaudissements unanimes ont éclaté parmi tous ses condisciples. (*Journal de Rouen,*
10 août 1830).

Pour mon compte et pour bon nombre de mes camarades, je puis affirmer que nos applaudissements avaient
pour cause, non le grand avocat du Barreau de Rouen,
non l'homme politique, que nous n'avions pas l'honneur
de connaître, mais les prodigieux succès de son fils, treize
fois le premier pendant le cours de l'année, et tout chargé
des six premiers prix de sa classe, surtout des lauriers du
prix d'excellence, auquel nous attachions tous la plus
haute importance. Rien de tel qu'un pareil tribunal pour
rendre justice à qui de droit.

Enfin, un autre épisode, mais celui-là bien triste, prit
place encore dans cette distribution de 1830. On allait
commencer la proclamation des prix, quand on apporta
dans un fauteuil, déposé sur l'estrade, M. Guyot, le censeur des études. La vue de ce fonctionnaire, malade depuis longtemps, pâle et livide, qui avait tenu à paraître
dans l'assemblée, produisit sur tous l'impression la plus
pénible. Il fallut bientôt l'emporter, et, vingt jours après,
le 29 août, ce qui restait à Rouen d'internes et d'externes
fut convoqué pour assister aux funérailles de celui qu'ils
avaient vu moribond à la distribution des prix. Sa conduite, blâmée des uns, fut approuvée des autres, trouvant
qu'il était beau de paraître, une dernière fois, sur son
champ de bataille.

Après la distribution, les tambours de la garde nationale étaient dans l'habitude d'aller donner une aubade

aux chefs d'institution et aux maîtres de pension, dont les élèves s'étaient distingués par le nombre des prix et accessits. Ils faisaient de même pour les lauréats habitants de la ville, et n'hésitaient pas à se rendre, en pareil cas, dans les communes voisines, à Sotteville, à Déville, à Bapeaume et à Darnétal.

Faite onze jours après la Révolution de juillet 1830, cette distribution des prix du 9 août marque autant la fin d'un régime dans l'enseignement des collèges, que cette Révolution marquait la fin d'un régime politique impatiemment supporté par la France.

Le contre-coup de la Révolution de juillet se fit sentir, immédiatement, aussi bien dans le personnel de l'administration et du professorat que dans les programmes de l'enseignement et dans la discipline.

A la rentrée de 1830-1831, le recteur, M. Faucon oncle, était remplacé par M. Badelle, docteur ès-sciences, officier de l'Université, professeur de Faculté. M. Corneille, professeur d'histoire au Collège de Rouen, devenait inspecteur de l'Académie de Rouen, dans l'ordre des sciences. Enfin, M. Mondelot, docteur ès-lettres, remplaçait, comme censeur, M. Guyot, décédé au mois d'août précédent.

Quant à M. Faucon neveu, il restait proviseur, fonction qu'il devait remplir jusqu'à la rentrée de 1835, et M. Chéruel prit la succession de M. Corneille dans la chaire d'histoire et de géographie.

C'était un tout jeune professeur, dans sa vingt-deuxième année seulement. De haute taille, il avait une belle tête, quoique irrégulière dans l'ensemble, un front haut et large, de grands yeux vifs et intelligents, un nez bien fait et fin, des lèvres un peu épaisses avec une mâchoire inférieure légèrement avancée. Sa chevelure châtaine, assez abondante, retombait par derrière ; enfin, une démarche alerte et ferme décelait la vivacité et l'énergie. Sous la robe, son air seul nous imposait à tous le silence et le respect.

M. Chéruel sortait de l'École normale avec le titre d'agrégé des classes supérieures de lettres, obtenu le 16 septembre 1830. Il n'y avait pas alors d'agrégation d'histoire. Le premier concours devait s'ouvrir un peu plus tard, au mois de septembre 1831. C'était donc pour obéir à une vocation bien arrêtée qu'il choisit l'enseignement historique.

Il revenait dans ce Collège dont il avait été l'un des plus brillants élèves, depuis 1819 jusqu'en 1828, couronnant la fin de ses études par les deux prix d'honneur de rhétorique, en 1827, et de philosophie, en 1828. Il y retrouvait, dans la chaire de la seconde division de sixième, M. Brunet, également ancien et brillant élève du Collège de Rouen, sorti de l'École normale et agrégé comme lui. C'était fête pour les élèves de rhétorique, quand M. Brunet, appelé momentanément à remplacer le titulaire, M. Magnier, leur expliquait les beautés d'une tragédie de Sophocle, ou leur faisait comprendre la savante composition d'un discours du *Conciones*.

Ils formaient l'un et l'autre l'élément jeune du professorat de Rouen, dont plusieurs membres étaient déjà d'un certain âge, et, en raison de leur mérite, les sympathies de leurs jeunes auditeurs allaient naturellement vers eux.

La Révolution de juillet fut cause aussi de quelques modifications matérielles. On fit disparaître, dans le cartouche de marbre noir placé au-dessus de la grande porte, le mot *regium*, de sorte qu'il ne resta plus de l'inscription que les mots : *Collegium Rothomagense*.

Les fleurs de lis disparurent également de l'écusson de France, placé plus haut, et on enleva la croix qui surmontait le campanile. Sur la croix d'argent, remise au premier de chaque composition, on remplaça la fleur de lis par un petit coq en cuivre jaune, à l'imitation du drapeau tricolore de 1830, où figuraient deux tables représentant la Charte et surmontées d'un coq aux ailes éployées, le tout entouré de drapeaux. Ainsi s'était trouvé réalisé le vœu de Béranger, émis dès 1820, dans le *Vieux drapeau* :

> Rendons-lui le coq des Gaulois,
> Il sut aussi lancer la foudre.

Mais la croix, si chère aux générations précédentes, tomba bientôt en désuétude, même avec le coq gaulois. Deux ou trois ans plus tard, on la recevait encore et on ne la portait plus. Elle disparut alors.

La composition préliminaire me fit passer dans la seconde division de cinquième, qui reçut cinquante élèves.

ANNÉE SCOLAIRE 1830-1831

Dans la classe de cinquième, nous eûmes deux professeurs, au lieu d'un seul en sixième :

MM. Houé, *Etudes classiques ;*
Chéruel, *Histoire et Géographie.*

M. Houé faisait consciencieusement son devoir, et une surveillance de tous les instants lui permettait de maintenir facilement la discipline parmi ses nombreux élèves, bien que le local de sa classe fût vaste et sombre.

Comme elle donnait sur la rue du Grand-Maulévrier, avec trois hautes fenêtres, qu'on voit encore, garnies de

32

barreaux de fer, à peu de distance du sol, l'ordre s'en trouvait parfois troublé.

Tantôt des orgues de Barbarie venaient, et pas toujours par le fait du hasard, moudre sous ces fenêtres la *Marseillaise* et la *Parisienne*, que la Révolution de juillet venait d'inspirer à Casimir Delavigne (1). Leurs sons couvraient la voix du professeur, qui n'osait faire cesser ces airs patriotiques par l'intervention du portier, à la grande satisfaction des élèves enchantés de son embarras.

Ou bien encore la rue causait un autre trouble dans l'intérieur des classes. Des laitières avaient l'habitude d'attacher, aux bornes placées en avant du Collège, l'âne qui portait leurs brocs de lait dans deux paniers suspendus à son bât. Quand la station était trop prolongée, à son gré, l'âne faisait entendre « son chant gracieux » et, presque toujours, pendant qu'un élève ânonnait sa leçon. On avait peine alors à réprimer une furieuse envie de rire. Mais, quand le professeur disait : « Attendez que l'autre ait fini ! », les rires les plus bruyants éclataient sur toute la ligne.

C'est dans la cinquième, seconde division, vers le milieu d'octobre 1830, que M. Chéruel fit sa première classe au Collège de Rouen. Lorsque ce jeune professeur parut dans sa chaire, il produisit sur nous tous une impression des plus favorables. Son grand air d'autorité nous inspira aussitôt le respect. Sa parole claire, sonore, bien timbrée était facilement entendue de tous. Chargé de l'enseignement de l'histoire ancienne dans notre classe, M. Chéruel commença, sans notes aucunes, l'exposition des traditions bibliques sur les premiers hommes, et chacun de nous fut enchanté de la leçon. Il en fut de

____

(1) Elle avait paru dans le *Journal de Rouen* dès le 5 août 1830.

même dans toutes les autres classes, depuis la cinquième jusqu'à la rhétorique ; car, à cette époque, il n'y avait qu'un seul professeur d'histoire au Collège de Rouen, faisant deux leçons dans la quatrième, la troisième et la seconde, et une seule en cinquième et en rhétorique. — On ne craignait pas pour lui la surcharge bien réelle.

Le fait de maintenir l'ordre dans les classes fut d'autant plus méritoire, cette année-là, qu'il régnait toujours, au début de l'année scolaire, une certaine agitation parmi les externes, et que les préoccupations politiques de l'extérieur y ajoutaient encore.

Pendant ce séjour de cinq minutes sur les marches de toutes les classes dans la cour d'honneur, les externes se tenaient généralement tranquilles, parce qu'ils étaient sous la surveillance du censeur, du sous-censeur, comme on disait alors, et du père Degouy, l'exécuteur des hautes œuvres scolaires, chargé de conduire devant le proviseur les élèves expulsés de la classe, et de les mettre en prison, dans les cas graves ; car il existait alors, au Collège de Rouen, deux ou trois prisons bien authentiques.

Il se produisait toujours quelque désordre parmi eux, dans la seconde moitié du mois d'octobre, et la foire Saint-Romain en était cause. Quelques jours avant le 23, date officielle de son ouverture, les externes ne manquaient pas de crier : « Congé ! Congé ! Congé ! » Il était bien pénible, en effet, d'aller en classe quand les parents arrivaient à Rouen de toutes parts, et que les baraques des baladins, établies alors depuis la rue du Champ-des-Oiseaux jusqu'à la place Beauvoisine, et dont on disait toujours merveilles, allaient donner leurs « premières. » Bien que plus bruyantes, après une révolution qui nous semblait devoir tout changer, ces clameurs

34

restèrent sans effet auprès de l'administration, comme les années précédentes.

Le second motif, tout différent, devait remonter en droite ligne jusqu'au temps des Jésuites. On a conté qu'il était d'usage, à Louis-le-Grand, leur collège modèle, de prendre la récréation dans la cour, tant que l'eau du bénitier de la chapelle n'était pas gelée ; c'était le thermo-mètre du collège. A Rouen, en 1830, on ne faisait de feu dans les classes qu'après la Toussaint, quelle que fût la température avant cette date. Quand vint la fin d'oc-tobre 1830, en souvenir de l'hiver si rigoureux de l'année précédente, les externes crièrent plus fort que jamais : « Feu ! Feu ! Feu ! ». Mais l'administration l'eût-elle voulu, il devenait impossible de leur donner satisfaction. On était en train de monter les poêles en fonte, dont les meilleurs chauffaient les classes dans un rayon d'environ deux mètres, le surplus restant à l'état de glacière.

En hiver, les plus heureux de la classe étaient les derniers, dont les bancs avoisinaient le poêle. On gre-lottait partout ailleurs, et surtout au banc d'honneur, qui en était généralement fort éloigné, de sorte que les premiers par le mérite étaient les derniers pour le chauffage.

Je ne parle que pour mémoire de la présence des chats et des chiens au milieu de la cour ; elle avait aussi le privi-lège de faire pousser des clameurs plus ou moins prolongées. Les chats, hôtes habituels de la maison, dont ils connais-saient bien les êtres, s'esquivaient rapidement, et le silence se rétablissait aussitôt. Mais les malheureux chiens, entrés à la suite de leur maître, ou même intro-duits furtivement dans les rangs des externes, ne s'en tiraient pas si facilement et fournissaient souvent une course prolongée au milieu de la cour d'honneur. C'était double plaisir de voir cette course d'abord et puis la chasse que leur donnaient les autorités préposées à la surveillance de la cour jusqu'à leur expulsion finale par la grande porte du Collège.

Parfois les cris étaient si bruyants qu'ils dominaient les sons de l'horloge et de la cloche, et les roulements du tapin annonçant l'heure de l'entrée en classe. Il fallait alors aller au vestiaire prévenir les professeurs restés dans l'attente. Mais leur apparition soudaine calmait tout le tapage, et l'on pouvait dire des tapageurs :

> Si forte virum quem
> Conspexere, silent.

« A l'aspect d'un seul homme, ils gardent le silence. »

La cause d'agitation la plus profonde dans le Collège, et propre à cette année 1831, fut l'état général des esprits, en dehors du Collège.

La France, qui venait de déchirer, en juillet 1830, les traités de 1815, s'attendait à être envahie par les nations qui les lui avaient imposés. Aussi, de tous côtés, sa population se livrait au maniement des armes et aux exercices militaires. A Rouen, sur toutes les places, on ne voyait que des hommes de tout rang et de tout âge, dès le point du jour, s'exercer et manœuvrer avec ardeur.

Les internes du Collège suivirent cet exemple et leur zèle guerrier fut secondé par l'administration, qui leur donna des instructeurs spéciaux. On leur confia des carabines à pierre, comme il en existait alors (au Collège les pierres étaient en bois), et leurs progrès dans la charge en douze temps et dans le simulacre des feux ne se firent pas longtemps attendre. A leur uniforme de collégien, ils ajoutèrent un bonnet de police avec liseré jaune, et un superbe gland de même couleur, qui se balançait sur leur tête, à chacun de leurs mouvements.

Les externes ne pratiquaient pas tous, dans leur pension, les mêmes exercices militaires, mais les sentiments belliqueux étaient les mêmes. On en eut bientôt la preuve. Comme complément des exercices militaires des internes, on imagina de faire faire, à la fin de chaque classe du soir, un défilé général dans la cour d'honneur, en y comprenant les externes. Formés en petits pelotons d'un nombre déterminé, les uns et les autres passaient devant le proviseur et le censeur placés sur le perron du parloir, auprès du tambour attaché au Collège, pris dans la garde nationale, qui battait la marche avec un collègue requis pour la circonstance. En tête des pelotons de chaque classe marchaient des sergents ou des caporaux choisis, à l'élection, parmi les premiers élèves de chacune d'elles. Il fallait voir avec quelle crânerie plusieurs de ces chefs improvisés commandaient, à chaque angle de la cour : « Quart de conversion à droite ! — Quart de conversion à gauche ! » Et puis, se retournant vers « leurs hommes, » ils marquaient la cadence du pas, par des : « Une, deusse, Une, deusse », vigoureusement accentués. Le défilé commençait par les internes, qui, une fois le tour de la cour achevé, se rendaient à leurs quartiers. Quand les externes avaient fait de même, sortant par la grande porte, ils retrouvaient leurs maîtres de pension, qui les attendaient avec plus de patience que de plaisir.

A vrai dire, personne autre que les élèves ne goûtait ces exercices militaires introduits dans le Collège et dans les pensions. Pour n'être pas témoins de ces belliqueux défilés, les professeurs s'empressaient de déposer leur robe au vestiaire et de s'éloigner du Collège au plus vite. Avec eux, le proviseur et les maîtres de pension tenaient tous pour la pacifique devise : *Cedant arma togæ,* et ils auguraient mal, pour le travail et pour la discipline, de toute cette ardeur guerrière.

On ne tarda pas à se convaincre qu'ils avaient raison. Le 8 mars 1831, éclata une véritable révolte parmi les internes. La cause en était le renvoi de quatre élèves par le proviseur, dont le rappel fut vainement demandé par leurs camarades. Un beau matin, les deux premières divisions refusèrent de se rendre à leurs quartiers et se barricadèrent dans leurs dortoirs. Le temps manqua pour prévenir les pensions, avant la classe de huit heures, et quand les élèves, poussés par leurs maîtres, voulurent pénétrer dans la cour pour se rendre dans leurs classes, les carreaux de toutes les fenêtres volèrent en éclats et les débris atteignirent plusieurs d'entre eux, qui rebroussèrent chemin au plus vite. C'est alors que le proviseur, M. Faucon neveu, ayant derrière lui la plupart des professeurs en robe, vint dire aux élèves et aux maîtres de pension, entassés derrière la grille : « Messieurs, les cours sont suspendus et un avis ultérieur sera donné de leur reprise. »

Le bruit de cette révolte se répandit promptement en ville, et toutes les autorités accoururent pour parlementer avec les révoltés, qui ne voulurent rien entendre. De guerre lasse, ils furent traités comme le général Lobau avait traité les émeutiers de la place Vendôme, à la fin de 1830. On fit venir des pompes à incendie qui inondèrent les révoltés, malgré la précaution qu'ils avaient prise de dépaver le plancher de leur dortoir en quelques endroits. De plus, l'absence de vivres les força bientôt de se rendre et tout le Collège fut immédiatement licencié.

Un inspecteur général de l'Université fut aussitôt envoyé pour instruire l'affaire. Ce fut M. Naudet, ancien professeur, savant et historien français, qui montra, en cette triste circonstance, les sentiments les plus bienveillants et les plus paternels.

Afin de ne pas interrompre trop longtemps les études des élèves, les cours recommencèrent le lundi 14 mars, moins de huit jours après la révolte. Le même jour, on lut dans toutes les classes la lettre que l'inspecteur général avait adressée au proviseur, et cette lecture produisit sur tous les élèves l'impression la plus profonde, à cause des deux passages que voici :

Les fauteurs de désordre regretteront d'avoir porté atteinte à la belle réputation du Collège de Rouen, cité partout, jusqu'à présent, comme un modèle de bonne discipline, et de bonne éducation. J'ai professé vingt-cinq ans à Paris ; toutes les fois qu'il venait dans nos classes un élève du Collège de Rouen, il y était accueilli par une prévention favorable et elle n'était pas trompée.

Un peu plus loin, l'inspecteur général ajoutait :

Il y a eu de grands désordres; des torts graves ; je désire que les coupables ne soient pas nombreux. Le soin de les connaître et de les désigner est commis à M. le Proviseur du Collège, assisté de cinq professeurs. La jeunesse trouve ainsi dans ses juges des protecteurs éclairés !

NAUDET,
Inspecteur général des Études.

Bien que ces juges penchassent tous vers l'indulgence, dans cette enquête qui intéressait si vivement leurs élèves et les familles, ils se virent obligés de signaler les plus coupables au Conseil académique, qui prononça plusieurs condamnations graduées, suivant le degré de culpabilité de chacun, depuis l'exclusion de l'Académie jusqu'au simple renvoi du Collège. Ces peines atteignirent surtout

les élèves des hautes classes, d'où était parti le signal de
la révolte, et parmi eux se trouvaient plusieurs bons
élèves, de sorte que le Collège se trouva non seulement
diminué, mais décapité par leur départ. Les funestes
conséquences s'en feront longtemps sentir.

Les vacances de Pâques qui survinrent (Pâques tombait le 3 avril, en 1831), contribuèrent à faire rentrer le
calme dans les esprits, car tout le Collège avait été agité,
pendant l'instruction de cette déplorable affaire et après
la condamnation. Mais, à la rentrée de Pâques, on reprit
sérieusement le travail, qui n'avait guère souffert dans les
basses classes, restées étrangères à la révolte.

La première mesure, après l'apaisement de la révolte
de mars 1831, fut la suppression de tous les exercices
militaires, précédée par le renvoi du tambour de la garde
nationale, coupable d'ailleurs d'avoir fait passer des vivres
aux révoltés. Il ne resta plus que le tapin pour indiquer
les divers mouvements de la journée, et sa batterie était
des plus pacifiques.

Il y avait bien le soulèvement de la Pologne, dont
Rouen suivait les différentes phases avec le plus vif intérêt. Mais la *Varsovienne*, nouveau chant patriotique de
Casimir Delavigne, les souscriptions ouvertes en sa
faveur dans les journaux et même dans les études de
notaire, s'adressaient plutôt à la masse du public qu'à la
jeunesse des collèges. La fin de cette année scolaire fut
donc consacrée toute entière au travail.

On arriva ainsi à la distribution des prix faite le lundi
8 août 1831, avec de notables changements dus à la
Révolution de juillet.

Par un retour au passé, cette distribution eut lieu dans
la chapelle du Collège, retour remarqué de tous.

40

Une grande toile verte cachait l'autel du haut en bas. Les autorités occupaient le chœur ; les invités et les familles, la nef ; les internes, les deux transepts ; les externes étaient relégués au bas de l'église, derrière les invités. La musique de la garde nationale montait dans la tribune du transept de gauche, et ses accords retentissaient avec une sonorité prodigieuse sous les voûtes de la chapelle. Il n'en était pas ainsi de la voix de l'orateur, placé à droite, dans la stalle du proviseur : c'est à peine s'il parvenait à se faire entendre de la moitié de son auditoire. Quant au professeur chargé de lire le Palmarès, ordinairement M. Houé, il occupait la stalle de gauche, celle du censeur, et, comme il avait une voix puissante, on l'entendait, même parmi les externes, à l'autre bout de l'église.

La séance était présidée par M. Badelle, recteur de l'Académie, suivant l'habitude constante, à cette époque.

Le discours d'usage fut prononcé par M. Mondelot, censeur des études, qui avait pris pour sujet : « L'honneur et la patrie. » Ce sujet, tout palpitant d'actualité, lui avait inspiré cette chaleureuse péroraison :

Servez la patrie, illustrez-la, soit par de hautes conceptions commerciales, soit par le courage civil, soit enfin par le courage militaire. L'honneur est là, l'honneur qui fut constamment pour nous la plus vive des sympathies. Vous le savez, et cette voix retentit encore du fond de la tombe d'un soldat-orateur : « Quand on parle d'honneur et de patrie, il y a toujours de l'écho en France. »

En entendant ces nobles paroles et la flatteuse affirmation du général Foy, plus d'un parmi les jeunes auditeurs ressentit le premier frisson du patriotisme. On le vit bien quelques instants après.

Le Palmarès rétablit le mot *royal*, partout où il avait été supprimé en 1830, et c'était tout naturel, puisque la France avait rétabli la royauté, au 8 août de l'année précédente. — Les livres bien reliés ne portaient aucun écusson sur les plats.

D'autres changements plus importants furent introduits dans l'ordre des prix. Ainsi la distribution commença par les classes de Philosophie, de Mathématiques spéciales, de Mathématiques élémentaires, etc., rejetées jusqu'alors après les classes des commençants. Il n'y eut plus que les Cours commerciaux qui continuèrent à venir après elles. De plus, en Philosophie, la Dissertation française avait le pas sur la Dissertation latine, en prenant le nom tout nouveau de : « Prix d'honneur », mais à Rouen seulement. Dans la classe de Philosophie, instituée en 1818, il avait été établi, deux ans plus tard, un prix d'honneur, comme en Rhétorique, d'ancienne date : « Le prix sera accordé, dit l'arrêté ministériel de 1820, à l'élève qui aura le plus solidement et le plus disertement traité, en latin, une des principales questions de Philosophie. » Jamais cet arrêté ne fut observé à Rouen, où la Philosophie, quoiqu'enseignée par un prêtre, ne paraît pas avoir été en faveur, sous le rectorat de M. Faucon oncle. Mais un arrêté ministériel du 11 septembre 1830 décida que « le Prix d'honneur » serait transféré de la Dissertation latine à la Dissertation française en Philosophie, et c'est à la Distribution des prix de 1831 qu'eut lieu la première application de cet arrêté, et la première apparition de cette qualification honorifique. « Eugène Hédou,

42

d'Ypreville-en-Caux, pension de MM. Dusseaux », fut
donc le premier élève qui obtint « le Prix d'honneur de
Philosophie », au Collège de Rouen (1).

Ce prix venait d'être proclamé, quand un élève, porte-
parole de ses camarades, glissa quelques mots à l'oreille
du Président, M. le recteur Badelle, qui fit un signe
d'assentiment. Aussitôt cet élève, s'avançant à l'entrée du
chœur, transformée en tribune, dit à haute et intelligible
voix :

Chers Camarades,

Vous savez, comme moi, quels combats de géants soutient en ce
moment la Pologne. Ses vaillants défenseurs ont besoin d'armes et
de pain. Je viens vous proposer de laisser vos livres de prix pour
que l'argent qu'ils représentent soit envoyé aux braves Polonais,
après que vous aurez racheté ces livres.

La proposition fut acceptée avec enthousiasme, au
milieu des bravos et des applaudissements sans fin de
l'assemblée toute entière. Quand chaque élève avait reçu
son prix, il le déposait sur la table où il avait été placé
d'abord, ne gardant que la couronne de feuilles de chêne,
comme souvenir de sa victoire.

Ce don patriotique eut immédiatement sa récompense.
Dès le lendemain, un compte rendu de la distribution
portait ces mots :

C'est au nom de l'honneur, c'est pour avoir une patrie que com-
battent ces géants du Nord que l'Europe admire et qu'elle n'aide

(1) C'est contrairement au fait que, dans la liste des élèves qui
ont remporté les Prix d'honneur à partir de 1804, le Palmarès actuel
porte les Elèves de Philosophie qui ont remporté le premier prix
de Dissertation latine de 1818 à 1830. Jamais cette distinction ne
fut accordée à la Philosophie, avant 1831, dans le Collège de Rouen.

pas. Au Collège, on ne peut, pendant l'année, qu'exalter leur gloire et faire des vœux pour leur triomphe : mais, un jour de distribution, les vainqueurs acquièrent des trésors. Eh bien ! ces trésors on a secrètement résolu de les offrir à la Pologne. Aussi, quand chacun des lauréats a reçu la couronne de chêne, voyez-vous que les livres qui accompagnent cette couronne, ces livres que d'ordinaire on garde toute sa vie avec tant d'orgueil et d'amour, sont rendus aux maîtres et que ceux-ci reçoivent la prière d'en réclamer la valeur.

Bons jeunes gens qui, sans efforts, vous êtes élevés jusqu'à ce grand sacrifice, vos parents s'associeront eux-mêmes à votre excellente action. Doublement heureux de voir briller dans leurs fils le patriotisme qui fait des citoyens et les talents qui font les hommes distingués, ils iront échanger contre quelqu'argent ces récompenses, que vous avez une seconde fois méritées en les abandonnant. Ils auront compris qu'ils peuvent s'en faire, en vous les conservant, un titre d'honneur. Et vous, quand déjà vous aurez avancé dans la carrière civique où l'éducation dont vous profitez si bien vous appelle à briller, vous pourrez retrouver ainsi un précieux souvenir qui marquera votre point de départ. (*Journal de Rouen*, 9 août 1831.)

Enchantés de ces chaleureux éloges et de ces honorables prédictions, « les Grands » désirèrent connaître l'auteur de l'article, et tout le Collège apprit par eux qu'il était dû à la plume de M. Visinet, le rédacteur en chef de ce journal toujours dévoué à l'Université.

Ce sacrifice ne reçut qu'en partie sa destination première. L'argent arriva trop tard pour acheter des armes, Varsovie ayant été prise le 8 septembre 1831, un mois, jour pour jour, après la distribution des prix. Mais il servit à donner du pain aux malheureux Polonais exilés et en route pour la France.

Cette même distribution mit en évidence les funestes effets de la révolte des internes, dont le nombre s'était trouvé réduit par les expulsions jugées nécessaires, et par la volonté des familles alarmées, au profit des pensions et des externes libres.

44

Le chiffre exact des concurrents, dans les classes communes aux internes et aux externes, n'est pas connu ; mais à quelques unités près, il paraît avoir été, à la fin de l'année scolaire 1830-1831, en nombre rond, 180 pour les internes, 250 pour les externes de pension et 50 pour les externes libres, en tout 480 concurrents.

Le nombre des nominations fut de 471, soit 132 prix et 339 accessits. Les internes obtinrent 37 prix et 97 accessits, 134 nominations. Les externes de pension remportèrent 90 prix et 217 accessits, 307 nominations, et les externes libres, 5 prix et 25 accessits, 30 nominations, total 337 nominations.

On voit donc que la supériorité était acquise aux externes de toutes catégories, et surtout dans les hautes classes, où la révolte avait pris naissance.

Tel fut et tel sera constamment le résultat le plus clair de toutes ces révoltes scolaires, si préjudiciables aux bonnes études et qui semblent être la fatale conséquence de toutes les révolutions politiques. Les élèves des collèges auraient donc toujours un bien grand intérêt à faire l'économie de semblables désordres, dont les funestes effets retombent sur eux et sur leurs familles, en compromettant leur présent et trop souvent leur avenir.

Les vacances qui suivirent furent marquées par un fait important pour l'enseignement du Collège. Le statut du 6 février 1821 avait établi seulement trois concours : Classes supérieures de lettres, Classes des sciences, Classes de grammaire. C'est en 1825 que l'Agrégation de Philosophie fut distinguée de celle des Lettres, comme l'Agrégation d'Histoire et de Géographie le sera en novembre 1830.

Élève de l'École normale, M. Bach se présenta à l'Agrégation de Philosophie, en septembre 1831, et fut reçu si brillamment qu'on l'envoya sur le champ au Collège de Rouen pour y occuper la chaire de Philosophie, en remplacement de l'abbé Denise, nommé, peu de temps après, curé de Saint-Hilaire de Rouen.

La nomination de M. Bach ne fut pas moins importante, pour cette branche capitale de l'enseignement, que celle de M. Chéruel, l'année précédente, pour l'Histoire et la Géographie.

ANNÉE SCOLAIRE 1831-1832

Nous eûmes pour professeurs, en quatrième :

MM. BOUCLEY, *Etudes classiques ;*
    CHÉRUEL, *Histoire et Géographie ;*
    SPARROW et BARD, *Langue anglaise ;*
    POUCHET, *Histoire naturelle.*

Il n'y avait de divisions qu'en sixième et en cinquième, et les deux divisions se réunissaient en quatrième. Aussi, notre classe, à la rentrée de 1832, atteignit-elle le chiffre de 85 élèves, l'un des plus élevés qu'on y ait jamais vus.

La réunion des deux divisions et l'arrivée de quelques autres élèves du dehors me procurèrent de nouveaux camarades, devenus des amis, après nous être rencontrés sur les marches du perron de la classe, ou nous être recherchés dans les sorties de classe, qui avaient lieu tous ensemble. Tels furent : Frédéric Baudry, Auguste Gamare, Edmond Adam, Gustave Deshayes, Gustave Assire, Félix Lefebvre, Mélicourt Lefebvre, Edouard Leverdier, Epiphane Orange, Boutrolle, et plusieurs autres, tous morts aujourd'hui, puisque, de cette classe de 85 élèves, c'est à grand peine si je puis citer cinq à six survivants, au moins parmi les externes.

On sait que la classe de quatrième a été, de tout temps,

la plus difficile à conduire, et surtout à cette époque où les élèves y entraient à la veille de leur quinzième année. A cet âge critique, où les élèves ne sont plus des enfants et ne sont pas encore des jeunes gens, et où la raison et l'amour du travail ne sont pas toujours arrivés chez la plupart, bien grande était la peine du professeur pour obtenir de tous le respect de la discipline et l'application à l'étude.

Mais M. Boucley était à la hauteur de la tâche et coutumier du fait.

De taille moyenne, le corps grêle, le front haut, surmonté d'un léger toupet, qu'il assurait ou caressait délicatement, de temps à autre, avec son petit doigt, M. Boucley avait des yeux petits et perçants, un teint légèrement bistré, une allure et des mouvements très vifs. Sa voix était quelque peu caverneuse, parce qu'il n'avait qu'un seul poumon, disait-on (1).

La dignité de sa personne, la fermeté de son caractère, sa régularité exemplaire, sa vigilance incessante et sa réputation de justice et de sévérité bien établie lui faisaient obtenir facilement de ses nombreux élèves la discipline, l'ordre et le travail.

C'est dans cette classe de quatrième que, pour la première fois, des textes français figurèrent parmi nos leçons. On mettait entre nos mains des *Morceaux choisis de Buffon ou Recueil de ce que ses écrits ont de plus parfait sous le rapport du style et de l'éloquence.* En tête se trouvait le fameux « Discours de réception à l'Académie française, le 25 août 1753 », plus connu sous le nom de « Discours sur le style. » Le choix aurait pu facilement

(1) M. Boucley mourut en 1877, recteur honoraire et chevalier de la légion d'honneur.

être plus judicieux. Il est vrai qu'on ne nous faisait pas apprendre des passages de ce Discours. Mais bien grande était la difficulté de retenir ces beaux tableaux contrastés de la « Nature sauvage » et de la « Nature cultivée », et de plusieurs autres, d'autant plus que les éditions de ce temps-là n'avaient point de notes, et que le professeur ne les remplaçait point par l'explication des textes donnés en leçons. Ainsi conçue, cette étude des auteurs français n'était pas aussi profitable qu'elle aurait pu l'être, et causait des peines infinies aux élèves de quatrième.

Mais M. Boucley était fort remarquable dans une autre partie de son enseignement, la correction des devoirs dictés et la traduction des auteurs. Il faisait toujours lui-même le corrigé écrit des uns et des autres, où il savait joindre l'exactitude à l'élégance. Se faisant une haute idée des conditions et des difficultés d'une bonne traduction, il renonçait à en improviser une en classe. Cette défiance était sage ; car, malgré l'habitude ou la facilité de celui qui la tente, une traduction improvisée est toujours d'une médiocre valeur, comparée à une traduction méditée et écrite. Aux classes du soir, il apportait, sur un carré de papier, la traduction du fragment des *Métamorphoses d'Ovide* donné au devoir, et le rapporté de cette traduction pouvait servir de modèle aux élèves. C'était un vrai corrigé bien propre à les initier aux finesses du texte et à l'élégance du style.

Pour commander une attention soutenue pendant l'explication des auteurs, M. Boucley, promenant son regard sur tout son auditoire, disait soudain à celui dont les yeux se portaient ailleurs que sur le livre : « Suivez, un tel ! » Et, quand l'élève ne retrouvait pas le mot du passage expliqué, la punition était le mot-à-mot de l'explication, un nombre de fois toujours le même. L'un de nous

48

avait un talent particulier pour ne jamais se faire prendre, lors même qu'il tenait les yeux fixés sur le plafond. Le fameux : « Suivez, Leverdier ! » tant de fois répété par M. Boucley, sans avoir jamais pris notre camarade en faute, est resté célèbre parmi nous.

Ce professeur possédait aussi un art merveilleux pour exciter et soutenir le zèle de ses élèves. Tenant compte de tous leurs efforts, leçons et devoirs, avec une scrupuleuse exactitude, il leur donnait des bons points, et, à la fin de chaque quinzaine, quand ils atteignaient un certain chiffre, une exemption, libellée de sa main, devenait la récompense de leur travail. Mais on ne l'obtenait qu'après avoir récité la leçon d'un texte latin ou français. Il n'y avait pas moyen de frauder, à l'aide d'un souffleur, parce que l'habitude était de venir devant la chaire du professeur pour réciter cette leçon. A chaque faute, M. Boucley déchirait un coin de l'exemption, et, à la quatrième faute, il déchirait le tout, en secouant la tête avec un léger sourire narquois. On attachait tant d'importance à l'exemption que, ce jour-là, les intéressés faisaient les plus grands efforts pour bien se mettre le texte des auteurs dans la tête, même celui de Buffon.

M. Chéruel ne réussissait pas moins que M. Boucley, pour la discipline et pour le travail, auprès d'élèves aussi nombreux, qu'il voyait deux fois par semaine. L'objet de son enseignement était l'Histoire romaine sous la République et sous l'Empire. A l'appui de ses leçons intéressantes, il invoquait souvent l'autorité de M. Michelet, et renvoyait à la lecture de « l'Histoire romaine. — *La République* », que son ancien maître à l'Ecole normale venait de publier. (Paris, 1831, 2 vol. in-8º.)

Pendant cette même année classique 1831-1832, on tenta d'introduire, dans la classe de quatrième, le double enseignement des Langues vivantes et de l'Histoire naturelle. C'était une heureuse innovation, due à la Révolution de juillet, mais la tentative ne réussit qu'en partie.

Une première chose déplut aux externes, le placement de ces deux cours au jeudi matin, avec une heure pour chacun d'eux. Le jeudi avait toujours été un jour de congé au Collège, pour les externes, et la classe ainsi placée mettait entravé aux sorties accordées quelquefois, dès le matin, aux élèves de pension. Dans un milieu fort attaché aux vieilles coutumes, c'était là un tort grave, condamné d'ailleurs par l'adage bien connu de tous :

Non licet in classes quattuor ire dies.

« Il n'est pas permis d'aller en classe quatre jours de suite. »

Très mal disposés pour ce premier motif, les élèves ne prirent qu'un médiocre intérêt aux utiles leçons ajoutées à l'enseignement classique habituel. Bien que les cours fussent facultatifs, l'attrait de la nouveauté y fit venir la majeure partie des 85 élèves de la classe.

La première leçon fut pour l'Anglais. Le professeur, M. Sparrow, la consacra à expliquer la valeur des lettres de l'alphabet de cette langue, et à les faire prononcer dans les mots qui la rendaient le plus sensible. La chose alla à peu près bien jusqu'au moment où vint le *Th,* dont la prononciation offre tant de difficultés pour un gosier français. Comme on n'y réussissait guère, il fallut s'y reprendre à plusieurs fois. On ne saura jamais se figurer tout ce que ces essais simultanés, plus ou moins sérieux, pour bien prononcer le mot *Throw* (jeter), donné comme exercice, amenèrent de contorsions, de grimaces et de sons discordants parmi cette soixantaine d'élèves. Ce tintamarre, éclatant au milieu du profond silence du Collège, appela le censeur, M. Galtier, bientôt suivi du proviseur, M. Faucon. Leur présence et la menace des punitions les plus sévères rétablirent l'ordre, pour le moment, mais l'intervention de l'autorité supérieure ruina d'autant celle du professeur.

Au bout de l'heure, M. Pouchet remplaça M. Sparrow, pour la leçon d'Histoire naturelle. Le talent et la réputation du savant professeur commandèrent l'attention des élèves, qu'il sut captiver par quelques considérations générales fort intéressantes sur l'Histoire naturelle, quoique présentées avec un peu de lenteur dans le débit, en homme qui s'écoute. Il put arriver ainsi sans encombre jusqu'à la fin de la leçon.

Huit jours après, comme M. Sparrow ne pouvait maintenir la discipline dans sa classe, l'Administration lui adjoignit un maître d'études, du nom de Leroux, qui avait une grande réputation de sévérité. Pour la mettre à l'essai, le bruit ne se fit pas longtemps attendre, et une prodigieuse distribution de punitions en fut la conséquence. Le tarif invariable était de mille vers pour les externes, et de retenues de sorties pour les internes, avec force expulsions en cas de répliques, suivant l'habitude ordinaire des élèves après une punition.

Quand parut M. Pouchet, M. Leroux ne quitta pas la place, et les élèves étaient déjà fort irrités. Malgré cela, un calme relatif se rétablit. Ils avaient été très intrigués en voyant, sur le devant de la chaire, une dizaine de crânes, systématiquement rangés, depuis ceux de l'homme jusqu'à ceux de quelques mammifères venant après lui dans l'échelle des êtres. Cette exhibition habile avait pour but de frapper les yeux pour s'emparer des esprits.

M. Pouchet posa en principe que l'intelligence des êtres

de la création était en rapport direct avec l'ouverture de leur angle facial, et il le démontra pour l'homme, en comparant les crânes des différentes races humaines entre elles, et ceux de quelques animaux, traçant sur le tableau placé derrière la chaire, l'angle facial de chacún d'eux. Tout fut bien jusqu'au moment où le professeur prit le crâne du chien et en dessina l'angle facial. Mais alors, pendant qu'il avait le dos tourné, un élève eut la fatale idée de pousser un ou deux aboiements, que toute la classe accueillit en riant à gorge déployée. Suivant la menace qu'il en avait faite, M. Leroux mit à la porte tous les élèves du banc d'où le désordre était parti. Cette mesure radicale déplut fort aux autres, et, quand M. Pouchet prit le crâne du mouton, ce furent des *bées*, *bées* prolongés, qui partirent de tous les bancs, auxquels se joignit bientôt l'imitation des cris de plusieurs autres animaux domestiques. La classe de quatrième était devenue une basse-cour où l'âne, le coq et le dindon auraient pu facilement se reconnaître, tant était grande la vérité des intonations. Impossible de mettre tout le monde à la porte, et la cloche vint heureusement tirer le professeur et le maître d'études de cette position embarrassante.

Tout ceci se passait au milieu du carême de 1832, et l'autorité décida que ces deux cours seraient suspendus jusqu'après Pâques. On rétablit alors le cours d'Anglais, mais sous un autre professeur, M. Bard, et en le plaçant avant la classe du soir de l'un des autres jours ordinaires. Des prix et des accessits furent distribués à la fin de l'année. Quant au cours d'Histoire naturelle, il fut supprimé dans la classe de quatrième, qui s'en était montrée si peu digne. M. Pouchet ne l'enseigna plus que dans les classes supérieures de seconde et de troisième réunies. C'était une punition bien méritée.

52

Voilà comment échoua, en partie, cette première tentative pour sortir de la routine classique, dans la classe de quatrième. Méconnaissant gravement leurs propres intérêts, l'indiscipline de ses élèves avait fait avorter les excellentes mesures dont ils auraient dû profiter. Mais il en est des élèves au collège comme de l'enfant dans la famille :

« Quand il n'obéit pas, l'enfant commande en maître. »

La distribution des prix eut lieu, le 13 août 1832, sous la présidence de M. Badelle, recteur de l'Académie, et avec la solennité ordinaire, dans la chapelle.

L'orateur fut M. Bach, professeur de philosophie, qui prononça le discours d'usage, apprécié en ces termes :

La largeur des vues de M. Bach doit être pour les parents une sûre garantie que l'enseignement de la Philosophie, au Collège royal, n'a aucun rapport avec cette vaine et creuse scolastique dont on bourrait jadis la tête des jeunes gens. (*Journal de Rouen*, 14 août 1832.)

L'éloge du présent était la juste critique du passé.

Une fois de plus, cette distribution montra la diminution considérable que le Collège avait subie dans le nombre de ses élèves et dans celui des nominations obtenues par eux. Il ne comptait plus que 122 concurrents dans les classes communes aux internes et aux externes (1), tandis que le chiffre de ces derniers s'élevait à plus de 300 au bas mot (2).

(1) Les classes où les externes ne concouraient pas avec les internes étaient la *Septième, la Classe des commençants et les Classes de dessin.* Les deux premières fournissaient un nombre d'élèves qui venait grossir la population totale du Collège d'une cinquantaine d'unités environ.

(2) On ne connaît officiellement que le chiffre de 213 élèves ex-

Il y eut, en tout, 515 nominations, 140 prix et 375 accessits. Le Collège obtint 128 nominations, 38 prix et 90 accessits. Les Externes libres et de pension remportèrent 387 nominations, 102 prix et 285 accessits.

Longtemps encore le Collège portera la peine de la fatale révolte de 1831, dont les pensions avaient largement profité, pour leur recrutement et pour leur succès.

ANNÉE SCOLAIRE 1832-1833

Nous eûmes comme professeurs, en troisième :

MM. Giffard, *Etudes classiques ;*
    Chéruel, *Histoire et Géographie ;*
    Dainez, *Mathématiques préparatoires ;*
    Bard, *Langue anglaise ;*
    Bach, *Langue allemande ;*
    Pouchet, *Histoire naturelle.*

A la rentrée, au lieu des 85 élèves de quatrième, nous n'étions plus que 74, chiffre encore trop considérable pour un seul professeur, n'importe en quelle classe, mais encore plus dans une classe d'humanités qu'ailleurs. Quelques-uns de nos camarades, passés dans les sciences, furent remplacés, entre autres, par Vincent Taillet et Onésime Le Picard, de futurs amis pour moi.

M. Giffard était de grande taille, avait une voix forte,

ternes, parce que celui des élèves de cinq pensions et des externes libres n'a pu être constaté. Sur le Palmarès, M. Lemardelé remplace M. Lesueur, comme chef d'Institution. On n'y trouve pas le nom de trois maîtres de pensions, qui s'étaient ajoutés aux dix-sept de l'année précédente. Ce sont MM. Bove-Mazure, Cahot, Gruchy. Ils conduisaient des élèves au Collège, mais leurs élèves n'ont pas obtenu de nominations.

un peu voilée. Seul de ses collègues, tous complètement
rasés, il portait un collier de barbe, contre les maux de
gorge. Une certaine raideur dans les muscles du cou ne
lui permettait pas toujours de tourner la tête assez vivement pour assurer le maintien de la discipline. En revanche, il apportait la plus rigoureuse exactitude et la
conscience la plus parfaite dans l'accomplissement de tous
ses devoirs de professeur.

Il avait l'excellente habitude d'expliquer les textes français donnés en leçons, innovation fort goûtée de ses
élèves. Il y joignait même quelquefois une mimique
expressive. Dans les *Caractères de La Bruyère*, par
exemple, quand, au chapitre « De la Mode », venait le
portrait de l'amateur de prunes, la lecture de ce passage
faisait son bonheur et celui de ses élèves :

> Il vous mène à l'arbre, cueille artistement cette prune exquise; il
> l'ouvre, vous en donne une moitié et prend l'autre, quelle chair !
> dit-il; goûtez-vous cela? Cela est-il divin? Voilà ce que vous ne trou-
> verez pas ailleurs ! et là-dessus ses narines s'enflent, il cache avec
> peine sa joie et sa vanité, sous des dehors de modestie.

M. Giffard nous faisait admirer comme tout cela est
peint, et avec quel art La Bruyère arrive à cette espèce de
fruit qui fait la passion, le bonheur, la gloire de cet amateur de prunes. Puis, reprenant ces mots : « Là-dessus
ses narines s'enflent ! » les yeux levés au ciel, il impri-
mait un léger plissement aux ailes de son nez, qu'il avait
assez gros, pour mettre en action le texte de La Bruyère.
La classe entière, au retour de cette mimique signalée à
son attention par la malice des devanciers, était tout yeux
et tout oreilles pour n'en pas perdre le moindre détail. On
en riait un peu, mais on n'en profitait pas moins de ces

indispensables explications sur les beautés littéraires des textes.

Comme M. Giffard était grand ami des vers latins, il donnait, chaque semaine, une matière assez développée et généralement intéressante. Quand nos vers laissaient trop à désirer pour l'harmonie ou pour des élisions trop dures, son blâme se traduisait invariablement par ces mots : « Ils sont rocailleux ! » C'était sa formule habituelle, comme les professeurs en ont tous pour le retour, à satiété, des mêmes fautes chez leurs élèves.

Un autre mérite de son enseignement était, après le corrigé de la traduction écrite des auteurs latins, de faire une traduction orale à la suite, excellent exercice qui exige un effort rapide et heureux de l'esprit. Ces essais imparfaits, mais énergiques, contre les difficultés du texte, servaient grandement aux élèves, en les formant à la traduction improvisée et en faisant passer sous leurs yeux des textes en plus grand nombre. Jamais nous n'en avons tant expliqué que dans cette classe de troisième, où M. Giffard s'attachait à nous donner des vues d'ensemble et quelques notions de goût (1).

M. Chéruel continuait son cours d'histoire et de géographie par l'Histoire du moyen-âge, en faisant deux leçons par semaine. Ces leçons, plus développées, insistaient, comme toujours, sur les points les plus importants, de façon à laisser dans nos esprits les grands faits et le cadre des grandes époques, destinés à servir de points de repaire au milieu de nombreux États qui figurent dans cette période. C'est à partir de cette classe qu'il s'attacha surtout à faire parler ses élèves, ce qu'on obtient

(1) Professeur émérite du Collège de Rouen, et officier d'Académie, M. Giffard mourut en 1882.

si difficilement des jeunes Normands. Pour y arriver, il nous faisait venir au milieu de la classe, et là, sans secours étranger, il fallait reproduire, en tout ou en partie, la dernière rédaction d'histoire et la punition suivait inévitablement, quand elle n'était pas suffisamment sue.

Une innovation heureuse, qui date de la rentrée de 1831, fut l'introduction des mathématiques préparatoires dans la classe de troisième. On s'y occupait surtout de l'arithmétique. Le cours fut confié à M. Dainez, professeur de mathématiques spéciales. Son talent de professeur était si remarquable que la clarté de ses explications et la variété de ses démonstrations nous firent goûter immédiatement les premiers éléments des sciences, malgré la défaveur dont les sciences, de parti-pris, étaient alors sottement l'objet dans toutes les classes de lettres. M. Dainez nous faisait en grand nombre aller au tableau et, quand, au cours d'une démonstration, on le voyait remuer la tête et se frotter le menton sur sa cravate, en ajoutant : « Comment dites-vous cela ? Répétez », c'était le signe avant-coureur d'une rectification qui ne se faisait pas longtemps attendre, après la répétition de l'erreur.

Au bout de l'année, les prix et les accessits des mathématiques préparatoires furent vivement disputés, et les six premières des huit nominations accordées pour cette faculté appartinrent à des élèves « déjà nommés », et fort honorablement, dans les lettres. L'introduction de ce nouvel enseignement en troisième avait donc pleinement réussi, et il est juste d'en rapporter le mérite au talent et à l'habileté du professeur qui, sans effort, savait maintenir la discipline dans sa classe.

L'Allemand eut aussi sa part dans les nouveaux programmes, et la première application en eut lieu à la rentrée d'octobre de 1832 ; mais ce ne fut pas pour la troisième exclusivement. Ce cours pouvait être suivi par les élèves des classes supérieures jusqu'à la troisième, et même par les élèves des cours spéciaux d'instruction commerciale.

On le plaça à une heure, avant la classe du soir, afin de prévenir les désordres causés, l'année précédente, par le placement du cours d'Anglais, le jeudi matin, en quatrième.

Cette agglomération d'élèves de classes différentes n'était pas sans danger pour la discipline. Mais le professeur, M. Bach, enfant de l'Alsace, et chargé du plus haut enseignement du Collège, la philosophie, sut maintenir l'ordre parmi tous ceux qui suivirent, en grand nombre, le cours d'Allemand. Depuis cette époque, ce cours ne cessa d'exister au Collège de Rouen.

Lors de notre entrée en troisième, en octobre 1832, l'idée de « décentralisation » était à l'ordre du jour. On l'étendait à peu près à tout, mais surtout à la « décentralisation littéraire ». Au mois de mai précédent, M. G. Olivier avait lancé à Rouen un manifeste en ce sens.

Tout d'abord, l'idée avait été déclarée impossible, mais elle ne tarda pas à devenir une réalité par la création de la *Revue de Rouen*, dont le premier numéro parut en janvier 1833. On ne saurait croire avec quel empressement les élèves des hautes classes du Collège en lurent les premiers articles presque exclusivement consacrés à l'histoire de Rouen et de la Normandie, et signés Ludovic Vitet, Hyacinthe Langlois, Gustave Ballin et autres noms salués avec respect. L'intérêt redoubla, quand ils virent, dans le second semestre, les articles de MM. Rouland, Passy, Deville, André Pottier et Chéruel et quand ils lurent cet avis aux souscripteurs : « Quoique la mission de la Revue soit spécialement littéraire et artistique, ce serait mal comprendre le goût et la tendance de l'époque que d'en bannir absolument la science. » Elle y fit aussitôt son entrée, à la grande satisfaction de ses lecteurs. Quant aux élèves du Collège, il est certain que la *Revue de Rouen* servit efficacement à développer chez eux le goût de notre histoire locale et provinciale, dont l'enseignement de M. Chéruel, au Collège, leur faisait vivement sentir tout l'intérêt et toute l'importance.

La distribution des prix eut lieu, le lundi 12 août 1833, toujours dans la chapelle du Collège. La proclamation du prix d'honneur de philosophie, au début de la cérémonie, donna lieu à un incident qui ne passa pas inaperçu.

Le voici tel qu'on le trouve dans la presse locale :

Le prix d'honneur de philosophie (dissertation française), a été obtenu par le jeune Georges Tranchard, élève de la pension Vallée, frère du magistrat si brutalement destitué il y a quelques jours. M. le Recteur, présidant la séance, a tenu à honneur de poser lui-même la couronne sur la tête du lauréat et l'a embrassé avec les marques de la plus sincère affection. Les applaudissements vifs de tous les élèves, sans distinction d'internes et d'externes, ont prouvé que ces jeunes gens, oubliant leurs petites rivalités académiques, ne voyaient là qu'une occasion de s'associer à la manifestation des sentiments de tout ce que Rouen compte de plus honorable. (*Journal de Rouen*, 13 août 1833).

Georges Tranchard était seulement le « cousin, issu de germain, » de M. Tranchard (1), le premier substitut de M. Aroux, procureur du roi, dont MM. de Stabenrath, Nepveur et Rouland étaient les trois autres substituts. La cause principale de la disgrâce paraît avoir été l'attitude qu'il avait prise dans un procès civil qui passionnait alors toute la ville de Rouen. C'est le souvenir de ce fait qui a

(1) Communication de M. le docteur Amédée Le Plé, son filleul.

valu au jeune lauréat l'accolade de M. Badelle, le recteur
de l'Académie, et l'ovation de tous ses condisciples.

On accorda 540 nominations en tout ; 143 prix et 397
accessits. Les internes obtinrent 145 de ces nominations,
39 prix et 106 accessits, et les externes, tant des pensions
que les externes libres, 395 nominations, dont 104 prix
et 291 accessits. Une grande supériorité sur les internes
continuait donc d'appartenir aux externes, sans qu'il ait
été possible d'établir le chiffre de leur population respective, et qui devait être, à quelques unités près, celui de
l'année précédente.

ANNÉE SCOLAIRE 1833-1834.

Dans notre classe de seconde, nos professeurs furent :

MM. PELLETIER, *Etudes classiques ;*
    CHÉRUEL, *Histoire et Géographie ;*
    DAINEZ, *Mathématiques préparatoires ;*
    BARD, *Langue anglaise ;*
    BACH, *Langue allemande ;*
    POUCHET, *Histoire naturelle.*

A la rentrée d'octobre 1833, des 74 élèves de la troisième nous n'étions plus que 58 en seconde, les 16 autres
s'étant répartis presque tous dans l'enseignement des
sciences.

M. Pelletier avait fait toutes ses études à Paris, au Lycée
Napoléon (Henri IV), avant d'entrer à l'École Normale.
De taille moyenne, avec un front large, des cheveux rares
et grisonnants, il portait des lunettes. Sa tenue toujours
correcte, son air calme et froid, et sa haute distinction de
manières, inspiraient un profond respect. A un esprit
juste, orné et méthodique, il joignait un goût fin et déli-

cat. Sa bienveillance et ses soins s'étendaient à tous ses élèves.

C'est par l'ensemble de ces qualités diverses qu'il obtenait très facilement du travail et de la discipline dans sa classe. Il se disait désolé, quand il était obligé de punir, et la crainte de lui déplaire supprimait à peu près toute espèce de punitions. Quand un interne venait en classe dans une tenue trop négligée, il le priait de se respecter lui-même en respectant les autres. Quelquefois même il le renvoyait pour réparer le désordre de sa toilette, « l'uniforme lui ayant été donné, suivant lui, pour que sa mise fût toujours convenable ». — « Ma classe, disait-il, est un salon où une mise et une tenue décentes sont toujours de rigueur. »

Son enseignement nous a laissé des souvenirs ineffaçables, surtout pour deux exercices en dehors du programme officiel.

Le premier avait nom : « Les leçons à volonté », qui remplaçaient les leçons ordinaires, à l'approche de certains congés. Il n'y avait là rien de nouveau, puisque M. Giffard admettait cette substitution en troisième. Mais M. Pelletier y attachait encore plus d'importance, au point de vue du choix des morceaux laissé libre et du débit.

Ce choix se portait presque toujours sur des pièces de vers célèbres, principalement chez les auteurs classiques et rarement chez les auteurs contemporains, dont le professeur faisait ressortir les beautés ou les défauts. Au lieu de la récitation individuelle, parfois deux ou trois élèves s'entendaient pour choisir et débiter une scène prise dans le théâtre classique et quelquefois le théâtre contemporain. Les acteurs venaient alors au milieu de la classe et s'attachaient à jouer cette scène, avec le ton, le maintien et les gestes voulus, ce qui n'était possible qu'à la condition expresse d'en posséder imperturbablement le texte. Bien qu'on n'eût pas à redouter les sifflets du parterre pour une défaillance de mémoire, on aurait rougi, devant les camarades, de transformer le professeur en souffléur. Bon nombre d'entre nous apprirent ainsi à se défaire de la monotonie fatigante des récitations journalières, à étudier et à trouver le ton convenable et les nuances propres à faire valoir les morceaux et les scènes de leur choix, en même temps qu'ils ornaient leur esprit par des beautés de premier ordre.

Nous dûmes aussi à M. Pelletier un autre exercice qui ne figurait pas dans le programme officiel de la seconde. Trop longtemps, par une singulière anomalie, on fit faire en rhétorique des discours à des élèves qui n'avaient reçu aucune préparation dans les classes précédentes, de sorte qu'on passait immédiatement du thème latin de la seconde au discours latin et au discours français de la rhétorique, le plus difficile des exercices scolaires. C'est en 1826 seulement que, par l'arrêté du 16 septembre, il fut décidé qu'au thème latin de cette classe on joindrait l'exercice de la narration latine. On ne fit rien pour la préparation au discours français qui n'en avait pas moins besoin que le discours latin. Mais M. Pelletier, depuis longtemps déjà, exerçait ses élèves à faire de ces narrations françaises restées, bien à tort, en dehors du programme officiel.

Pour nous initier à la narration latine, sur laquelle il n'existait pas de traités spéciaux, à cette époque, il nous avait fait traduire les préceptes du genre contenus dans *l'Orateur*, de Cicéron, et dans *l'Ecole de l'Orateur*, de Quintilien. Comme chez eux il est question surtout de la narration judiciaire, il y joignait des remarques plus appropriées aux narrations qui nous étaient données en exercice. Il nous recommandait d'y observer toujours

62

l'ordre chronologique des faits, l'enchaînement logique des idées, et la liaison de ces idées entre elles par d'habiles transitions. Il faisait de la chronologie le seul et vrai guide pour la marche de la narration.

Quant au style, il le voulait simple et naturel, nous mettant en garde contre cet écueil des écrivains novices, ces longues phrases surchargées de relatifs et d'incises qui font oublier à la fin ce qui a été dit au commencement. Sa première correction était de relire lui-même, à haute voix, ces longues phrases, en appuyant fortement sur tous les *qui*, les *que* et les *dont*, etc., qui en alourdissaient la marche. Enfin, il feignait de perdre haleine après la lecture. « Il faut, disait-il, à la narration, la phrase courte introduite dans notre littérature par le xviiie siècle, et justement conservée par le nôtre. » Il répétait ce mot de Rivarol : « Ce qui n'est pas clair n'est pas français. »

Quoique l'exercice de la narration française ne fût pas récompensé, à la fin de l'année, puisqu'il était en dehors du programme officiel (1), l'utilité en était si évidente qu'il était l'un des plus goûtés et des plus travaillés par nous tous. Les leçons de composition et de style, que M. Pelletier nous donnait de vive voix, à propos de la critique de nos modestes essais, se gravaient profondément dans nos esprits, et plus d'un de ses élèves a puisé, dans ses judicieuses remarques, les principes généraux de l'art d'écrire et de précieuses leçons de goût.

Chez les Jésuites, aussi bien que dans l'Ancienne Université, la seconde portait le nom de « Classe de Poésie », parce qu'on y étudiait surtout les poètes. Resté fidèle à

(1) Celui de 1852 seulement fera figurer la narration française en seconde. Mais, depuis plus de vingt ans déjà, les professeurs de cette classe avaient comblé cette regrettable lacune, dans l'intérêt de leurs élèves.

cette tradition classique, M. Pelletier ne cessait de nous les faire connaître, en toute occasion, leçons apprises, auteurs expliqués, devoirs dictés. C'est ainsi qu'il faisait apprendre des Odes de Jean-Baptiste Rousseau et d'Horace, avec des fragments de Corneille. Il empruntait souvent le texte de ses versions dictées, grecques et latines, à Sophocle, Euripide et Anacréon; à Lucrèce, Tibulle, Ovide et Juvénal. Ses matières de vers latins étaient même quelquefois des textes français pris chez Corneille, André Chénier, Millevoye, Delille. Dans ses explications d'Horace, il insistait sur leur mérite littéraire, mettant bien en relief le sujet de ses Odes, la marche du développement et l'élégance du tour et la beauté de l'expression poétique, si remarquables chez lui. On sentait que le professeur goûtait fort les beautés du plus original de tous les poètes latins et s'attachait à les faire goûter à ses élèves. Cet enseignement avait un cachet littéraire tout nouveau pour nous et qui nous intéressait fort et nous faisait oublier toutes les difficultés que nous offrait Horace pour le comprendre et pour le traduire.

Notre professeur avait encore le don bien rare de conter finement l'anecdote, et son succès était d'autant plus vif qu'il ne se départait jamais de son flegme habituel, lors même que l'anecdote était des plus piquantes.

Un jour, l'un de nous, dans une pièce de vers latins, s'était mépris sur la quantité de la première syllabe de l'adjectif *mutuus* : il l'avait faite brève, tandis qu'elle est longue. A propos de cette faute de prosodie, M. Pelletier nous conta l'anecdote suivante :

Un professeur de Rouen, dit-il, sans le nommer, avait jugé à propos de célébrer, en vers latins, la fameuse entrevue de Napoléon Ier et d'Alexandre Ier, empereur de Russie, sur le Niémen, en 1807, entrevue qui fut bientôt suivie de la paix de Tilsitt. Il se mit à l'œuvre aussitôt après la publication du traité.

Quand la pièce de vers eut été publiée, un de ses collègues en fit la critique. Il loua fort la description de la tente élevée sur le radeau, le spectacle imposant des deux armées rangées en bataille sur les deux rives du fleuve, le départ simultané des barques portant les deux empereurs et arrivant en même temps au bas des marches du radeau. Enfin, on les voyait s'élancer du même pas, avec le même empressement, pour se porter à la rencontre l'un de l'autre.

Arrivé à la description de la rencontre, qu'il admirait fort, le critique de la pièce, interrompant son analyse, ajoutait pour son compte : « Ils s'embrassent une fois, deux fois, trois fois... dix fois, la *quantité* n'y fait rien :

Mutuis amplexibus hærent ! »

Après que toute la classe eut fort goûté cette façon spirituelle de relever la *faute de quantité* qui avait échappé à l'auteur, M. Pelletier ajouta : « Il en fut si chagrin, dit-on, qu'il en mourut peu de temps après ». Puis, s'adressant à l'élève coupable du même oubli prosodique : « N'allez pas, je vous prie, Monsieur (car il nous donnait à tous du *Monsieur*), l'imiter en tout. » Et l'autre de riposter aussitôt : « Il n'y a pas de danger, je n'ai pas le cœur tant au métier. »

A partir de ce jour, nul de nous ne se méprit plus sur la quantité de *mutuus*.

Un trait d'esprit en eut l'honneur,

comme « Un trait de fable », pour les Athéniens de La Fontaine, dans une conjoncture autrement grave (1).

M. Dainez continua ses leçons sur les mathématiques préparatoires, en révisant les matières de la troisième et en expliquant les quatre premiers livres de géométrie, tou-

(1) *Le Pouvoir des Fables*, liv. VIII, fable 4.

jours avec le même succès, dans cet enseignement tout nouveau pour nous.

Le mérite n'était pás mince de faire goûter ainsi les sciences aux élèves des lettres, quand on se rappelle l'éloignement systématique qu'ils avaient alors pour elles.

Le même intérêt continuait de s'attacher aux savantes leçons de M. Chéruel, qui nous exposait, en seconde, l'Histoire des Temps modernes, dont il ne séparait pas l'Histoire littéraire, en insistant principalement sur celle de la France (1).

De notre avis à tous, au sortir du Collège et plus tard, cette classe de seconde fut celle qui marqua le plus dans nos études et nous laissa les meilleurs souvenirs (2).

La distribution des prix eut lieu le lundi 11 août 1834, toujours dans la chapelle du Collège. Au début de l'année scolaire, dans les classes communes aux internes et aux externes, le chiffre total des élèves avait été de 563, ainsi répartis : 114 internes, 359 élèves de pension et 90 externes libres ; mais, à la fin de l'année scolaire, le chiffre des élèves de pension n'était plus que de 305 élèves, et celui des externes libres, de 70.

(1) Les leçons d'histoire que M. Chéruel nous a faites, au Collège de Rouen, de la cinquième à la seconde (1830-1834), se trouvent, en grande partie, dans le « *Cours d'études pour la section des Lettres*, rédigé conformément aux programmés des lycées et aux programmes pour l'examen du baccalauréat-ès-lettres du 3 août 1857. » L'ouvrage est divisé en : *Histoire ancienne.* — *Histoire du Moyen-Age.* — *Histoire moderne*, par un professeur d'histoire de l'Académie de Paris, docteur ès-lettres. » Paris, 1858-1859, 3 vol. in-12. C'est là un excellent cours d'histoire bien digne de l'historien consciencieux, qui n'a pas jugé à propos de le signer. Seul, il suffirait pour la réputation de bien d'autres.

(2) M. Pelletier mourut, en 1862, inspecteur d'Académie honoraire, et officier de l'Instruction publique.

66

Pour ces 489 concurrents, il fut accordé 557 nominations, 146 prix et 411 accessits. Les 114 internes (le chiffre
le plus bas auquel ils soient jamais descendus dans ces
concours pour les prix) obtinrent 124 nominations,
35 prix et 89 accessits; les 305 élèves de pension, 103 prix
et 286 accessits; enfin, les 70 externes libres, 44 nominations, 8 prix et 36 accessits. Une fois encore, la supériorité des externes de toutes catégories s'accusait de plus
en plus, tant pour le nombre des élèves que pour celui
des nominations. La différence en leur faveur était environ
ron des deux tiers.

A cela, rien d'étonnant, quand on connaît le zèle et le
dévoûment de ces anciens maîtres de pension pour leurs
élèves. En 1834, ils étaient à Rouen, au nombre de
vingt (1), et, sauf dans quatre ou cinq pensions, le chiffre
de ceux qu'ils conduisaient au Collège était assez restreint.
Grâce aux soins intelligents et assidus qu'ils leur prodi-
guaient, ces utiles collaborateurs des professeurs faisaient
produire à l'enseignement du Collège tout le fruit possible
et assuraient ainsi le succès de leurs champions dans ces
luttes scolaires, surtout dans les classes de grammaire.

En 1834-1835, nous étions soixante-cinq élèves dans
la classe de rhétorique. Le chiffre de nos condisciples
s'était relevé sur celui de la seconde (cinquante-deux),
parce qu'à cette époque nul ne pouvait être admis à l'examen du baccalauréat ès-lettres, sans justifier qu'il avait
suivi, au moins pendant un an, un cours de rhétorique
et un cours de philosophie. On pouvait alors seulement

(1) En cette année-là, M. Dulong avait remplacé M. Colombel,
son beau-père, et l'on voit apparaître MM. Mortreuil, Savigny,
Guédon et Petit, sur le Palmarès, auxquels viendront bientôt s'ajouter MM. Gosselin et Jourdain. Toute longue qu'elle est, cette énumé-
ration pourrait bien n'être pas encore complète.

se présenter devant la commission d'examen pour le baccalauréat ès-lettres, séant à Rouen, notre ville ayant perdu sa Faculté des Lettres, depuis le 18 janvier 1816. Mais on l'avait au moins remplacée par une commission pour ce baccalauréat (1).

Nos professeurs furent, en rhétorique :

MM. MAGNIER, *Études classiques.*
    CHÉRUEL, *Histoire et Géographie.*
    GORS, *Cosmographie.*

Les langues vivantes et l'histoire naturelle n'étaient plus enseignées dans cette classe.

M. Magnier, d'une taille un peu au-dessus de la moyenne, avait une tête relativement petite, un front en saillie sur un corps grêle, des yeux petits et vifs, abrités derrière des lunettes. Toute sa personne se mettait facilement en mouvement. Bien qu'à cette date il approchât de la cinquantaine, il était tout feu pour l'enseignement de la rhétorique, dont il était chargé, depuis onze ans, au Collège de Rouen, comme successeur de M. Maillet-Lacoste, en 1823.

(1) En 1835, cette commission se composait ainsi :
    MM. FAUCON, proviseur du Collège, président.
        GALTIER, Censeur des Études.
        BACH, professeur de Philosophie.
        MAGNIER, professeur de Rhétorique.
        DAINEZ, professeur de Mathématiques.
        PERSON, professeur de Physique.

La perspective de passer cet examen du baccalauréat devant leurs professeurs portait grandement les élèves au travail, assurés de voir leurs efforts justement appréciés par des juges aussi compétents que bien renseignés. C'est la loi de 1850 qui supprima cet état de choses pour remettre l'examen aux Facultés. La proportion des élèves reçus était alors, à Rouen, de 70 à 80 o/o, pour tous ceux qui se présentaient, soit du Collège, soit de l'enseignement libre.

En 1834, depuis trois ans, la grande querelle des Romantiques et des Classiques avait eu son contre-coup à Rouen, au Théâtre, à l'Académie, et aussi quelque peu au Collège. Elle s'envenima surtout par le Théâtre. Ce fut pour la patrie de Corneille une grande innovation de voir représenter, sur la scène rouennaise, les drames d'Alexandre Dumas, *Richard d'Arlington*, *Antony*, *Henri III*, *Angèle*, et ceux de Victor Hugo, *Lucrèce Borgia* et *Marie Tudor*. Malgré tout le talent de Mme Dorval, la représentation de ces pièces avait soulevé, à Rouen, autant de critiques que d'applaudissements.

Il en avait été de même pour la nouvelle école littéraire, cette réaction entreprise, sous la Restauration, par un groupe d'esprits jeunes et vigoureux contre les principes de goût qui régnaient alors sans conteste. Le Romantisme était l'esprit des races romanes opposé au génie grec et romain, dont s'est généralement inspirée notre littérature. De là naquirent deux partis bien tranchés, les Classiques et les Romantiques.

Pour les Romantiques, les « règles parurent n'être que des chaînes habilement jetées par l'impuissance sur le génie », et le nom de « Classiques » devint pour eux synonyme « d'esprit étroit et stérile ». A leur tour, les Classiques reprochaient à leurs adversaires de mépriser toutes les règles de l'école, de méconnaître la délimitation nécessaire des genres, de proclamer que le laid et le grotesque ont droit de cité dans la poésie comme dans la nature, et de faire du théâtre une arène où luttent les passions de la vie moderne. Les autres reproches n'étaient pas moins vifs. Ce nouvel idéal, disait-on, ne pouvait produire que des œuvres difformes, où la langue n'était pas moins outragée que la morale et le bon goût, et le résultat fatal de pareilles œuvres serait de faire aboutir notre littérature au chaos.

A la rentrée de 1834, on était en plein dans cette grande querelle littéraire. Par caractère, par habitude, par position officielle, M. Magnier ne pouvait être du côté des novateurs. Comme professeur, très convaincu avec Plotin que : « Le Beau est la splendeur du Vrai, » il le prouvait, depuis bien des années, à ses élèves, en leur faisant étudier les œuvres immortelles de l'antiquité et celles du grand siècle de Louis XIV. Il ne pouvait donc y avoir rien de commun entre lui et ceux qui n'étaient pas loin de dire : « Le Beau, c'est le Laid. »

Il était ensuite justement irrité de voir certains critiques, après la représentation d'un des drames de l'école nouvelle, s'écrier triomphalement : « Enfoncé Corneille ! — Enfoncé Racine ! » Les plus modérés se contentaient de les traiter de « Perruques », en les associant à Boileau, que ne protégeait plus la spirituelle boutade de Voltaire : « Ne disons point du mal de Nicolas, cela porte malheur. »

Mais ce qui le désolait le plus, c'est que quelques-uns d'entre nous semblaient applaudir aux doctrines nouvelles, et affichaient leur Romantisme en portant des « cravates à la Antony. » Avec ces longues cravates de couleur sombre, qui s'élevaient jusqu'au menton et descendaient bien bas dans le gilet, on avait l'air d'un désespéré et on paraissait n'avoir pas de chemise.

Cette ridicule épidémie de mode remontait à la terrible épidémie de choléra de 1832.

Ceux-là de nos camarades qui en furent atteints, en infime minorité, devaient, après des études bien imparfaites, grossir le clan grotesque des « Blasés », fort à la mode également (1).

(1) Le type de ces derniers a été retracé, d'une façon charmante,

En vieux professeur qu'il était, M. Magnier, loin de s'en attrister, aurait dû n'en pas tenir compte, mais penser tout simplement que, dans leur fait, il y avait plus de taquinerie que de conviction littéraire, la taquinerie étant, de tout temps, le péché mignon des élèves, avec les propos et les actes saugrenus qu'ils prêtent si libéralement à leurs maîtres.

Une circonstance locale vint accentuer la lutte. Le dimanche 19 octobre 1834, on inaugura la statue en bronze de Pierre Corneille, élevée sur le terre-plein du pont appelé alors « Pont-de-Pierre ». La cérémonie se passa au milieu d'un concours immense de peuple et d'une pompe officielle des plus imposantes.

Après les membres du Comité de souscription, ceux de

par Auguste Lireux, dans une étude de mœurs contemporaines, intitulée : « les Blasés », où l'on retrouve le rédacteur du journal satirique l'*Indiscret* et où l'on pressent l'auteur de l'*Assemblée Nationale comique* en 1849. Il a fait cet article pour la *Société des Émules*, dont il était membre, petite société littéraire formée par les élèves du Collège, qui en avaient récemment quitté les bancs, ou qui s'y trouvaient encore. Née en janvier 1834, elle est morte au mois de juillet suivant. — Ses publications, annexées à la *Revue de Rouen* en 1834, n'ont rien de romantique dans les quatre-vingt-onze pages dont elles se composent, sauf un ou deux pastiches inexpérimentés. On peut s'en convaincre en lisant les travaux dus à des élèves du Collège : *Aristophane* (prose), par J. Lefèvre; *Conradin au tombeau de Manfred* (poésie), par A. Pinchon; *Visite au château de Tancarville* (lettre), par Alfred Blanche; *La Mort d'André Chénier* (poésie), par A. Décorde; *Louis XI à Louviers* (prose), par P.-P. B. (Pierre-Paul Billard); *Les Fièvres d'Hénouville* (prose), par B.-D. Saffray, enfin, *Le Dante*, par E. Démarest. — Quelques-uns de ces essais confirment les remarques du chapitre où M. D. Nisard parle en maître : « Du danger d'écrire de trop bonne heure. » Voir *Études de mœurs et de critique sur les poètes de la Décadence*, 2e édit. 1849, t. I, pages 219-224.

la Société libre d'Emulation de Rouen, à laquelle on devait cette statue, et les descendants de la famille du Grand Corneille, venait la députation de l'Académie Française, composée de MM. Lebrun, directeur, Casimir Delavigne, Alexandre Duval, Michaud et Charles Nodier, et une foule d'autres invités, parmi lesquels figurait une députation du Collège Royal de Rouen, prise parmi les élèves des hautes classes, la rhétorique et la philosophie en tête.

M. Destigny parla le premier, au nom de la Société d'Émulation; puis vint M. Lebrun au nom de l'Académie Française, que tout le monde était désireux d'entendre. On sut gré à l'auteur de *Marie Stuart* d'avoir été court; mais il n'en fut pas de même du passage de sa harangue où il ne craignit pas de dire :

La statue de Corneille élevée aujourd'hui à Rouen, comme celle de Racine naguère à la Ferté-Milon, ne semble-t-elle pas des protestations éclatantes contre les usurpations d'un goût qui se trompe, et les erreurs d'une scène qui se pervertit? Dans cette époque de crise, de doutes et d'aberrations littéraires, quand les saturnales impudiques sont montées de toutes parts sur le théâtre, c'est sans doute un enseignement utile que cet hommage solennel rendu au grand poète qui sauva la scène du chaos et y ramena avec toute la puissance du génie, l'ordre, la raison et la pudeur.

Cette sortie virulente contre le théâtre contemporain tourna contre l'Académicien tout échauffé de la lutte des Classiques et des Romantiques. Elle parut d'autant plus déplacée qu'on y vit une personnalité à l'adresse de l'auteur d'*Angèle*, qui était là présent et devait prendre la parole immédiatement après M. Lebrun, au nom de la Commission de l'Association dramatique.

La députation des élèves du Collège avait été des plus attentives à tous les incidents de la cérémonie, et, comme à beaucoup d'autres, la sortie lui avait déplu. Elle remarqua qu'Alexandre Dumas, bien que directement visé, était resté impassible ; elle remarqua aussi qu'il s'inclina profondément devant la statue de Corneille, tandis que M. Lebrun s'était dispensé de la saluer, avant de prononcer son discours. Enfin, la personne d'Alexandre Dumas était sympathique à beaucoup d'assistants, comme l'un des champions les plus en vue du Romantisme. De plus, il venait de se battre en duel avec M. Gaillardet pour l'affaire de sa collaboration à la *Tour de Nesle*, et l'on disait qu'un nouveau duel l'attendait à son retour à Paris. Il n'en fallait pas tant pour exciter de vives sympathies.

Le passage de la harangue de M. Lebrun répondait trop bien aux idées personnelles de M. Magnier, précédemment manifestées dans sa classe et à l'Académie de Rouen, pour qu'il n'en fût pas pleinement satisfait. Mais il se garda de le faire paraître dans sa classe, où se trouvaient plusieurs membres de la députation du Collège. Il évita ainsi, par prudence, des discussions pareilles à celles des années précédentes, où l'une d'elles avait duré deux classes consécutives, avec la même ardeur de part et d'autre.

Au lieu de cela, M. Magnier s'occupa de son cours de rhétorique. Il nous fit d'abord copier un résumé de la *Nouvelle rhétorique* par J.-V. Le Clerc, doyen de la Faculté des Lettres de Paris, résumé qu'il avait fait pour ses élèves des années précédentes, et qu'on se passait de main en main. Une fois par semaine, il le développait de vive voix, et nous devions rapporter ces développements par écrit, en y joignant des exemples autres que ceux du résumé, puisés dans nos souvenirs ou dans nos lectures et empruntés aux auteurs classiques des trois langues, objets de nos études. Nous avions là un vrai cours de rhétorique.

M. Magnier était, et avec raison, grand partisan de la traduction de vive voix, parce qu'elle permettait de faire voir aux élèves un nombre plus considérable de textes. Mais il l'entendait autrement que dans les classes précédentes. Ainsi il voulait qu'au lieu du mot-à-mot suivi du français, on donnât immédiatement la traduction après la lecture du texte, et qu'on prît la pensée de l'auteur pour point de départ. « La pensée d'abord », disait-il, « Tout pour elle et par elle. » Telle était sa sage devise. Passant de la théorie à la pratique, il faisait souvent lui-même une explication vive et animée, qui luttait, par des essais énergiques, contre les difficultés du texte. Nous faisions de même, à son exemple, et cet exercice d'une traduction improvisée, sans mot-à-mot, nous intéressait bien autrement qu'une dissertation philologique ou même littéraire sur le mérite d'auteurs dont les textes nous demeuraient à peu près inconnus.

C'était surtout aux discours du *Conciones* qu'il appliquait cette méthode, et elle nous rendait de grands services, en nous faisant comprendre l'ensemble de ces discours et l'enchaînement de leurs diverses parties. Les éditions de ce temps-là ne donnaient guère qu'un titre et le texte, sans ces sommaires, ces analyses et ces trop nombreuses notes des éditions postérieures, qui dispensent de tout travail personnel, ce qui est regrettable, puisque la science solide est surtout le prix des efforts personnels faits pour l'acquérir.

Quant à nos devoirs dictés de toute espèce, afin d'exciter chez nous l'émulation et le désir de les travailler sérieusement, il avait l'habitude de nous lire, en guise de modèles, les devoirs de choix de ses anciens élèves, qu'il

74

avait soigneusement gardés. C'est ainsi que les copies de
nos devanciers, Chéruel, Lireux, Balavoine, Dubloc,
Pinchon, Decorde, etc., ont été souvent proposées à notre
imitation. Plusieurs d'entre elles avaient de vraies qualités littéraires, autant qu'on peut en attendre d'élèves encore sur les bancs.

Une chose aurait manqué dans l'enseignement de
M. Magnier, en rhétorique, des notions d'histoire littéraire. Mais il est à croire qu'il n'en disait rien, parce que
M. Chéruel accordait à cette histoire une grande place
dans le cours qu'il faisait en rhétorique, sous le nom
de « Philosophie de l'Histoire ». — C'était sans doute
après entente avec son collègue de rhétorique.

Ce nom, M. Chéruel le prenait dans un tout autre
sens que M. Jouffroy. Le philosophe entendait, par Philosophie de l'Histoire, « la recherche de la destinée de
l'espèce humaine ». L'historien la définissait ainsi :

Le but du cours, disait-il, n'est plus simplement de montrer des
faits, d'exposer des dates ; c'est de considérer l'histoire de la civilisation, c'est-à-dire les progrès de l'homme sous le rapport matériel,
le gouvernement ; et sous le rapport intellectuel, les lois, les
sciences, la littérature, la religion, les arts. »

M. Chéruel empruntait les éléments de ce cours aux
« *Idées sur la Philosophie de l'histoire de l'humanité* »,
par l'Allemand Herder, ouvrage que Quinet avait traduit, à son retour d'Allemagne, en 1827, avec une Introduction (3 vol. in-8°). Il s'aidait aussi de Michelet,
l'auteur d'une imitation de la *Scienza nuova* de l'Italien
Vico intitulée : *Principes de la Philosophie de l'Histoire* 1831 (2 vol. in-8°). Enfin Augustin Thierry,
Guizot et quelques autres, par leurs admirables travaux
historiques, lui servaient à montrer les éléments que

chaque peuple avait fournis pour la civilisation, et à suivre les progrès des divers États sous le rapport intellectuel (1).

Tout le cours nous intéressait vivement, mais avant tout l'histoire littéraire, où figuraient les grands noms et les grands ouvrages des écrivains qui font la gloire des différents peuples et où la France tenait le premier rang. Chacun d'eux était toujours accompagné d'un jugement sommaire, aussi substantiel que saisissant par sa justesse.

Dans ce cours de « Philosophie de l'Histoire », on trouvait l'alliance d'une instruction précise et variée avec le talent de la généralisation, l'esprit philosophique et une critique judicieuse. Cependant, il faut peut-être en excepter quelques théories trop absolues ou hasardées, bien complaisamment empruntées par M. Chéruel à des guides étrangers et à son ancien maître d'Ecole Normale, M. Michelet, pliant arbitrairement les faits à un système préconçu, et oubliant parfois que l'impartiale histoire n'a pas la complaisance des passions et ne se paie pas d'hypothèses (2).

Ces doctes leçons étaient toujours exposées avec cette facilité d'expression qui vient de la clarté et de la netteté des idées. Aussi que d'horizons nouveaux ce cours ouvrit devant nous et que de réflexions sérieuses il nous fit faire sur la marche de l'humanité à travers les siècles !

(1) C'est peut-être la seule fois qu'une esquisse de ce cours est donnée. Elle est faite d'après les rédactions que j'en ai conservées.

(2) Voir Appendice II, p. 100. Attaqué en 1838 (voir *la Normandie littéraire*, 1894, p. 72), ce cours fut bientôt remplacé par un cours sur les Institutions de la France. Ce dernier a été fondu dans le *Dictionnaire historique des Institutions, Mœurs et Coutumes de la France*, qui coûta tant de peine et de temps à M. Chéruel, 2 vol. in-12, 1855. Sa correspondance en parle pendant dix ans.

Plusieurs innovations eurent lieu, à la fin de l'année scolaire 1834-1835, pour les compositions des prix. Il fut décidé qu'au lieu de décerner les prix et les accessits d'après les places de la seule composition finale, on la compterait triple et que ces points, ajoutés à ceux que l'élève aurait obtenus depuis Pâques dans la même faculté, détermineraient l'ordre des récompenses. C'était une sorte de nivellement du travail pour échapper aux surprises du hasard. Ce mode de supputation fit supprimer aussi, dans le prix d'excellence, le chiffre des primautés qui seul le faisait décerner jusqu'alors.

L'habitude était précédemment d'accorder beaucoup de temps, surtout dans les hautes classes, pour les compositions des prix. On allait jusqu'à six et même huit heures, et, dans ce cas, les élèves apportaient leur goûter dans un filet. Avec la nouvelle réforme, on n'accorda plus que quatre heures dans les classes de grammaire, et six heures dans les hautes classes pour certaines compositions. On venait alors à six heures du matin au Collège.

La distribution des prix eut lieu, le lundi 10 août, dans la chapelle, avec le cérémonial habituel. Tout le monde était encore sous le coup de l'horrible attentat de Fieschi qui, le 28 juillet précédent, en voulant frapper le roi Louis-Philippe, avait fait quarante victimes, par sa machine infernale, sur le boulevard du Temple. Le recteur, M. Badelle, prit d'abord la parole pour déplorer, au nom du corps académique, cet épouvantable attentat.

Le discours ordinaire fut prononcé par M. Gors, professeur de sciences, qui nous avait enseigné la cosmographie, pendant notre année de rhétorique. Il obtint un réel succès auprès de son auditoire, en développant la thèse contraire à celle de Rousseau. Pour lui, ce sont les Lettres et les Sciences qui font la grandeur des empires et leur décadence commence avec la décadence des Sciences et des Lettres. On applaudit aussi le passage où l'orateur flétrissait, à son tour, le crime de Fieschi et félicitait la famille royale d'avoir échappé à ses coups.

En 1835, il fut accordé, pour les classes où les internes et les externes concouraient ensemble, 617 nominations, soit 165 prix et 452 accessits. La part des internes fut de 24 prix et 97 accessits : celle des externes libres et de pension, 131 prix et 365 accessits, en tout, 496 nominations. Les élèves de pension avaient obtenu 120 prix et 339 accessits, et les externes libres 11 prix et 27 accessits.

L'infériorité du Collège s'était donc encore accentuée sur celle de l'année précédente, sans qu'il ait été possible d'établir le chiffre relatif des internes et des externes. C'est seulement à partir de 1836 que le chiffre des concurrents du Collège se relèvera jusqu'à 120 et reprendra une marche ascendante. Il fallut cinq années pour réparer les suites d'un moment d'erreur, la fatale révolte de 1831. A Rouen, comme ailleurs, les mêmes causes ont toujours produit les mêmes funestes effets.

Pour achever l'esquisse du cycle entier des études faites au Collège de Rouen par les élèves d'une seule et même classe, il me resterait à parler de la classe de philosophie, dont les professeurs étaient MM. Bach pour la philosophie, Dainez pour les mathématiques, Person pour la physique. Mais je ne saurais le faire, parce que je ne suivis pas cette classe à Rouen. Je m'en tais donc pour continuer, dans ces « Souvenirs du Collège de Rouen », à ne faire appel qu'à mes seuls souvenirs personnels, sans recourir à ceux d'autrui, où pourraient se glisser de ces infidélités de mémoire, trop souvent voisines de l'erreur.

Toutefois je m'associe pleinement à l'opinion de mes

78

camarades, restés dans la classe de M. Bach, quand ils le proclament un professeur de philosophie hors ligne. Cela ressort pour moi de la soutenance de sa thèse française devant la Faculté des Lettres de Paris, en 1836, pour obtenir le grade de docteur ès-lettres, soutenance à laquelle j'assistai. Il s'appliquait à y saisir les rapports de dogme qui, sur la question de l'état de l'âme après la mort, rattachent la *Somme théologique* (Summa theologiæ) de saint Thomas d'Aquin à la *Divine comédie* du Dante (1), « le théologien Dante versé dans la connaissance de tout dogme, » comme le dit le premier vers de l'épitaphe placée, à Ravenne, sur son tombeau :

Theologus Dantes nullius dogmatis expers.

MM. Jouffroy et Cousin, qui faisaient partie du bureau d'examen, déclarèrent que c'était l'une des plus belles thèses que l'on eût présentées, depuis longtemps, à la Faculté des Lettres de Paris (2).

Me destinant à l'enseignement des Collèges, je quittai donc Rouen pour Paris, à la fin de 1835, afin d'y poursuivre mes études, et d'arriver à la licence ès-lettres et à l'agrégation. C'est alors que ma qualité d'élève du Collège de Rouen et la bienveillance de l'un de mes anciens professeurs me rendirent le plus grand service. M. Pelletier

(1) Le titre de la thèse latine était : *Divus Thomas de quibusdam philosophicis quæstionibus et præsertim philosophia morali*, et celui de la thèse française : *Sur l'état des âmes après la mort, d'après saint Thomas et Dante.* — « L'Ange de l'École » avait donc fourni le sujet de ses deux thèses au jeune professeur de philosophie de Rouen.

(2) Le bureau complet se composait de MM. Joseph-Victor Leclerc, doyen, Cousin, Jouffroy, Villemain et Saint-Marc Girardin, tout l'État-Major de la Faculté des Lettres. — On a remarqué qu'en cette

voulut bien me donner une lettre de recommandation pour M. Jules Pierrot, proviseur de Louis-le-Grand, qui lui-même avait été élève du Lycée Impérial de Rouen, de 1807 à 1810, année où il couronna ses études en remportant les cinq premiers prix de la classe de rhétorique. Son camarade de l'École Normale me recommandait à lui en termes chaleureux, et poussait la bonté jusqu'à rappeler mes succès pendant le cours de mes études à Rouen. Quand le proviseur de Louis-le-Grand eut vu que j'y avais obtenu dix-huit prix et vingt-deux accessits, en six ans, il m'admit immédiatement dans son Collège, comme répétiteur libre, pour y donner des leçons. De plus, il me promit une place de maître d'études, qu'il me donna à la rentrée du mois d'octobre 1836. Bientôt il me fit nommer maître élémentaire. Lorsque j'eus obtenu le grade de licencié ès-lettres, il me chargea d'une conférence pour les meilleurs élèves des classes de grammaire de Louis-le-Grand et de Sainte-Barbe, afin de les préparer au Grand Concours. Quand j'eus été reçu

même année 1836 quatre autres universitaires, se rattachant à la Normandie, s'étaient présentés devant la même Faculté pour obtenir le même grade de docteur ès-lettres : 1° M. Charles Bénard, ancien élève du Collège de Rouen, professeur de philosophie au Collège de Besançon et suppléant à la Faculté des Lettres de la même ville ; 2° M. Vacherot, professeur de philosophie à Caen, chaire qu'il devait quitter peu de temps après, pour remplacer, à Rouen, M. Bach, nommé professeur à la Faculté des Lettres de Besançon ; 3° M. Martin, né à Bellême (Orne), le futur doyen de la Faculté des Lettres de Rennes ; 4° M. Jullien, naguère principal du Collège de Dieppe. — Les thèses des trois premiers étaient des travaux philosophiques de haute portée. La thèse française du quatrième traitait de l'étude et de l'enseignement de la grammaire. Le même titre lui fut accordé, mais la valeur n'en était pas la même. Il y a des degrés dans le doctorat ès-lettres, comme en tout.

le premier agrégé de grammaire, au concours de 1842, il me fit obtenir la faveur d'être immédiatement envoyé en cinquième, au Collège de Rouen. Sa haute protection ne m'a jamais fait défaut jusqu'à sa mort, le 5 février 1845, l'année même où il se proposait de me faire rappeler comme professeur dans son collège.

Tels furent, pour moi, les heureux effets de la bienveillante recommandation de mon ancien professeur de seconde, M. Pelletier, et de ma qualité d'élève du Collège de Rouen, ce vieux Collège qui avait laissé de si bons et de si profonds souvenirs chez l'éminent proviseur de Louis-le-Grand.

J'ai donc grandement lieu de m'en souvenir, à mon tour, et des excellents maîtres que j'eus le bonheur d'y rencontrer et je m'en souviens toujours avec la reconnaissance la plus vive.

CONCLUSION

Le 28 août 1610, le jeune roi Louis XIII vint solennellement poser la première pierre de l'édifice qui porte aujourd'hui le nom de Collège de France, pour remplacer la « halle » où ses professeurs enseignaient, exposés à l'intempérie des saisons.

A ce propos, Estienne Pasquier fait cette remarque : « Je voy le docte Cardinal du Perron mettre toute son estude au bastiment du Collège dont je vous ai cy-dessus parlé. Dieu veuille que par cy-après ce ne soit vn corps sans âme, et vn magnifique collège de pierres, au lieu de celuy qui fut premièrement basty en hommes par le roy François » (1). Le vieil Universitaire avait bien raison de dire, dans son énergique langage : « Ce n'est pas en pierres seulement, mais en hommes que se bâtissent les collèges. » Quelques beaux, en effet, qu'en soient les bâtiments, quand « les hommes » manquent aux collèges, administrateurs ou professeurs, les collèges ne sont plus que « des corps sans âme. »

Construit sur l'emplacement de l'Hôtel de Maulévrier, que le Cardinal de Bourbon, archevêque de Rouen, avait donné aux Jésuites, en 1583, le Collège de Rouen eut la chance, après avoir été bien « bâti en pierres » par les Jésuites, de se voir immédiatement et toujours bien « bâti en hommes », durant les trois siècles de son existence, sous ces noms divers : « Collège des Jésuites », de 1592 à 1762 ; « Collège Royal de Rouen », de 1762

_____

(1) *Recherches de la France*, liv. IX, p. 800, Paris, M. DC. LXV.

6

82

à 1795 ; « École centrale du département de la Seine-
Inférieure », de 1796 à 1803 ; « Lycée de Rouen », de
1804 à 1814 ; « Collège Royal de Rouen », depuis 1815
jusqu'à la date de 1835, où s'arrêtent ces souvenirs (1).

Sous les divers régimes très différents d'esprit et de
méthodes, auxquels il a été soumis, ce vieil établissement
d'enseignement secondaire n'a cessé d'avoir des hommes
remarquables à sa tête ou dans ses chaires (2). Sans cela,
le Lycée Corneille, continuant la série de ses devanciers
aujourd'hui plus que trois fois séculaire, jouirait-il
de l'estime qui s'attache encore à son nom ? Les hommes
de la période de 1829 à 1835 en fournissent une nouvelle
preuve. Avec eux, il s'est vraiment trouvé « bâti en
hommes ».

Dans le cours de mes études au Collège de Rouen, sur
les quatorze professeurs formant alors tout le personnel
de l'enseignement classique, j'ai eu affaire à huit d'entre
eux pour cet enseignement proprement dit. J'ai tâché de
caractériser la nature de leur enseignement et les procédés
pédagogiques particuliers à chacun d'eux. Pour achever
de les peindre, je crois utile de rappeler les principes
généraux dont ils s'inspiraient tous, et les règles de

(1) C'est en 1848 qu'il prit le nom de : « Lycée de Rouen » ; en
1852, celui de : « Lycée impérial de Rouen » ; enfin celui de :
« Lycée Corneille » en 1873, son nom définitif. — Partout je me
sers du nom officiel en usage à l'époque dont je parle.

(2) Pour s'en convaincre, lire la notice de M. Chéruel : *De l'Instruction publique au Moyen-Age jusqu'à l'établissement définitif du
Collège des Jésuites*, 1849 : *Les Recherches sur l'Instruction
publique dans le diocèse de Rouen avant 1789*, par M. Ch. de
Beaurepaire, trois volumes, 1872 ; enfin, *le Collège de Rouen,
aujourd'hui Lycée Corneille*, par M. A. Gautier (proviseur de
Rouen, 1866-1874). Paris, 1876.

conduite qu'ils jugeaient à propos de suivre dans l'exercice de leurs fonctions.

Le grand principe et la fin de leur enseignement paraissent avoir été que les collèges sont destinés surtout à aiguiser l'esprit, à enseigner à la jeunesse un petit nombre de choses qui, bien apprises et bien sues, la rendront capable d'en apprendre par elle-même beaucoup d'autres. En un mot, leur grande affaire était de donner une méthode de travail à leurs élèves. Cette méthode a été résumée alors par un mot resté célèbre : « Au collège, on apprend à apprendre ». C'était là une idée juste en elle-même, et les procédés suivis par les professeurs du Collège de Rouen, à l'époque dont je parle, pouvaient conduire au résultat cherché, si l'on se rappelle les moyens de transmission propres à chacun d'eux relatés précédemment et dont plusieurs devaient prendre place dans les programmes de l'avenir. Rien de nouveau sous le soleil.

Voici comment, sur d'autres points, ils se ressemblaient encore.

Nos professeurs étaient tous, sauf un seul, sous la Restauration même, agrégés de l'Université par concours, et non par collation, ou par équivalence, comme cela se pratiquait souvent, dans ce temps si désastreux pour l'Université (1).

(1) En 1822, le département de la Seine-Inférieure comptait six collèges : Rouen, Aumale, Dieppe, Eu, Le Havre, Montivilliers. Quatre d'entre eux avaient des abbés pour principaux, et deux seulement, des laïques, encore l'un de ces derniers avait-il été prêtre. — L'abbé de Frayssinous, grand-maître de l'Université, le 1er juin 1822, s'empressa de supprimer l'École Normale, le 22 septembre suivant, frappant au cœur l'Université, puisqu'il lui enlevait sa grande école de professeurs.

84

Tous ils faisaient leurs cours d'après le programme officiel, sans s'occuper le moins du monde du baccalauréat, qui était la conséquence et non le but de leur enseignement. Leurs classes étaient alors une vraie préparation aux humanités, et non une fabrique de bacheliers. On y formait des hommes.

Tous ils étaient pour la discipline, sans épithète. On n'en avait pas encore imaginé d'autre, et l'ordre, le travail, le respect et l'autorité des maîtres n'en étaient que mieux assurés.

Tous ils faisaient leur métier et rien autre chose que ce noble métier d'instruire la jeunesse française, à laquelle ils consacraient tout leur temps. En dérober la moindre parcelle eût été, à leurs yeux, un acte de félonie envers l'Université, leurs élèves et les familles. Il en était même qui poussaient le scrupule jusqu'à ne vouloir jamais donner de leçons particulières.

Le peu de temps que leur laissaient les soins exigés par des classes fort nombreuses, quelques-uns l'employaient à des travaux personnels.

Ainsi, en 1828, M. Magnier avait donné une *Analyse critique et littéraire de l'Énéide* (1). C'est une œuvre consciencieuse, fruit d'une expérience professorale déjà longue, mais qui se ressent un peu trop encore de l'école de la Harpe, battue en brèche par les brillantes leçons de M. Villemain, à la Sorbonne. Sans doute, pour justifier sa méthode, l'auteur a pu dire : « Comme dans

(1) La première édition fut publiée à Paris, chez L. Hachette, 2 vol. in-12, et la seconde, chez le même, en 1844, en 1 vol. in-12. Ni l'une ni l'autre ne figurent dans le *Manuel du libraire et de l'amateur de livres de Brunet*. — C'est à l'obligeance de M. L. Delisle que je dois de connaître la date de la première édition.

une analyse complète, les détails forment la plus grande
partie de l'ouvrage, il devient impossible que l'analyse
de l'Énéide ne paraisse pas un panégyrique presque con-
tinuel (1). » C'est là qu'était l'écueil de cet ouvrage, que
la jeunesse d'alors n'appréciait pas toujours à sa juste
valeur. Elle aurait préféré la méthode de critique qui
commençait à prévaloir : « Éclairer les écrits par la vie,
l'auteur par l'homme. » C'est ce que fit plus tard Sainte-
Beuve dans son *Étude sur Virgile*, publiée en 1857.
Elle permet de saisir ce qui manque dans *l'Analyse*
de M. Magnier, même après la seconde édition, en 1844.

Un autre ouvrage de ce professeur, qui me paraît
avoir plus de portée, a pour titre : *Expérience d'un
père sur l'enseignement du latin. Plan d'éducation* (2).
Il est anonyme, mais les mots du titre : « Par un professeur de rhétorique, ancien élève de l'École normale, »
et cet autre détail : « Mes deux fils, Eugène et Raymond,
sont nés à trois ans de distance, aux mois d'avril 1826
et 1829, » trahirent bien vite l'anonymat qu'avait voulu
garder l'auteur.

L'ouvrage, qui parut en 1835, l'année même où nous
étions en rhétorique, répondait à l'une des plus grandes
préoccupations du jour, une loi sur l'enseignement secondaire. On l'appelait de tous ses vœux, surtout après la
belle loi du 28 juin 1833, dont M. Guizot avait doté
l'enseignement primaire. On avait hâte de passer des
promesses aux réalités (3).

(1) Préface de la seconde édition, p. viij.
(2) En vente chez L. Hachette, à Paris, mais imprimé à Rouen,
chez Nicétas Periaux.
(3) La loi du 15 mars 1850 donnera cette nouvelle organisation
de l'instruction publique, et sera modifiée elle-même par le décret
du 10 avril 1852. Favorable aux établissements libres, il ne

86

M. Magnier faisait la critique de l'enseignement tel qu'il existait alors dans les collèges, et proposait des innovations utiles, dont quelques-unes étaient appliquées par lui-même dans sa classe, et signalées plus haut, quand j'ai rappelé sa méthode d'enseignement (1). Mais la plus grande critique de l'ensemble du système proposé a été faite par l'auteur lui-même. « La difficulté, dans la pratique, dit-il, proviendrait des maîtres eux-mêmes. Il en est bien peu qui soient capables de faire ce que je demande ici, ou, quand ils le pourraient, de s'astreindre au travail que ce système exige. »

A quoi donc peut servir un système condamné à rester sans application ? Car, à l'insuffisance des maîtres, qui ne sont pas tous des professeurs de rhétorique, il faut ajouter qu'une classe ne se compose pas de petits prodiges tels que celui dont parle l'auteur : « A huit ans et huit mois, mon fils a commencé l'Énéide. Dans l'espace de sept mois, nous l'avons vue toute entière. » (p. 128). A cet âge là, c'est tout au plus si l'on serait en état de commencer utilement l'étude du latin, et il est à craindre que le père « n'ait vu » l'ouvrage plus que le fils lui-même (2).

M. Chéruel n'avait fait encore que quelques articles détachés dans la *Revue de Rouen*, tels que : « Progrès de

restera bientôt plus que l'enseignement congréganiste en face de celui des collèges et lycées, et le nombre des pensions de Rouen finira par être réduit à deux ou trois. — Ce fut là un premier résultat, aussi fâcheux qu'inattendu, de cette loi qui avait beaucoup perdu à se faire tant attendre.

(1) Voir, p. 73-74.

(2) M. Magnier mourut, en 1875, professeur honoraire de Faculté et chevalier de la Légion d'honneur. Il l'était déjà, au Collège de Rouen, avant 1830.

l'Histoire au xixᵉ siècle », en 1833, et, en 1834, « Corneille », peu de temps après l'inauguration de sa statue. Il ne l'avait signé que des initiales de ses deux prénoms P.-A. (Pierre-Adolphe). Il est court, mais fort instructif. Suivant l'habitude du temps, M. Chéruel avait mis une épigraphe en tête : « Ce que les vents ont apporté de semences les plus lointaines a fructifié parmi nous et a produit au centuple » (Ampère). Tel était l'esprit général de l'article, pour rappeler que l'Espagne et Rome avaient été les principales sources du théâtre de Corneille. On y trouve cette remarque, qui pourrait servir de principe à la critique littéraire, si elle n'était pas elle-même la critique de certains discours prononcés lors de cette inauguration.

Le meilleur moyen, à mon avis, de payer à de tels hommes un digne tribut d'admiration, n'est pas de s'extasier sur quelques beautés de détail ou de répéter éternellement des louanges devenues triviales, c'est d'étudier l'impulsion qu'ils ont donnée à l'esprit humain, et, partant, le rôle qu'ils ont joué dans la civilisation.

De pareilles remarques décèlent l'agrégé des classes supérieures de lettres, imbu des excellents principes de la critique moderne, puisés à la Sorbonne où à l'École normale.

En 1834 encore, M. Chéruel donnait à la même *Revue*, un article non moins curieux sous ce titre : « Caractère de la Littérature du xiiiᵉ aú xviᶜ siècle », et, en 1835, de sages conseils sur : « Le Merveilleux dans l'Histoire (1). »

(1) M. Chéruel mourut, le 1ᵉʳ mai 1891, inspecteur général honoraire, recteur honoraire, officier de la Légion d'honneur, et membre de l'Académie des sciences morales et politiques.

Enfin, M. Giffard était tout occupé de sa traduction en vers français, les *Psaumes de David*, qui eurent deux éditions en 1841 et 1845. Il y travaillait à loisir, suivant en cela le conseil de Boileau (1).

Tous ces travaux servaient à l'élève ; car, lorsque le maître travaille et s'instruit, c'est également au profit de ceux qu'il est chargé d'instruire.

Un trait de caractère commun à tous ces professeurs était de rester fort longtemps en fonctions au même Collège. Ainsi, quand, après sept ans d'absence passés à Louis-le-Grand, je revins à Rouen comme collègue de mes anciens maîtres, j'y retrouvai six de ceux que j'avais quittés en 1835.

M. Pelletier y était depuis vingt-trois ans ; M. Dainez depuis vingt ans, professeur jusqu'en 1835 et proviseur depuis cette date jusqu'en 1842 ; MM. Magnier, Sabbatthier et Giffard, depuis dix-neuf ans ; enfin, M. Chéruel, depuis douze ans. Ce n'étaient pas là des professeurs qui auraient mérité l'épigramme de « Professeurs voyageurs » ou d' « Oiseaux de passage », prenant le Collège de Rouen pour un pis-aller.

Ce long séjour dans le même collège avait des avantages incontestables pour l'enseignement et pour la discipline. Le travail profitait de leur longue connaissance du caractère des élèves de la région, et ceux-ci, à leur tour, les connaissant de réputation, n'essayaient même pas de les « tâter », comme il est d'usage pour tous les professeurs nouveaux venus (2).

(1) M. Giffard mourut, en 1882, professeur émérite du Collège de Rouen, Officier de l'Université.

(2) Ils avaient encore un autre mérite qu'il ne me fut donné de connaître qu'en devenant leur collègue : c'était l'esprit de corps. La cause de l'un était la cause de tous, et les anciens éclairaient les

« A l'œuvre on connaît l'ouvrier, » dit le proverbe. Le mérite de l'une fait l'éloge de l'autre. Ici, l'ouvrier est le professeur, et l'œuvre, l'élève sorti de ses mains. Mais il faut remarquer que l'instruction d'un élève dans les collèges est une œuvre collective, puisqu'il faut un certain nombre de professeurs de tout ordre pour instruire un seul élève, sur lequel chacun d'eux laissera son empreinte. Constater le mérite des élèves, c'est donc constater le mérite des maîtres.

En parcourant l'histoire du Lycée, plus tard Collège de Rouen, depuis sa fondation en 1803, jusqu'en 1835, limite de ces souvenirs, et bien plus tard, une chose me frappe : c'est le nombre de ses élèves entrés dans l'enseignement. Il fut une sorte de pépinière pour le professorat de l'enseignement secondaire, les uns par l'École normale, les autres par la voie libre. Telle est sa caractéristique, au moins pour ses meilleurs élèves.

M. Jules Pierrot quitte le Lycée de Rouen après les plus brillants succès en 1810 pour entrer à l'École normale et, en 1819, on le trouve professeur de rhétorique à Bourbon (Condorcet), puis, en 1824, professeur de rhétorique à Louis-le-Grand, dont il devint proviseur en 1830. De 1826 à 1828, d'autres brillants élèves du même

jeunes de leurs conseils. Cette bonne et utile solidarité s'affaiblit à Rouen, comme ailleurs, après la Révolution de 1848, la loi de 1850, et surtout le coup d'État de 1851. De là, les plaintes justifiées de Sainte-Beuve, nommé professeur de poésie latine au Collège de France. « L'inconvénient qui se produit aujourd'hui trop fréquemment, dit-il, c'est qu'en perdant l'esprit de corps, on a perdu aussi l'esprit d'union, le zèle véritable pour la compagnie ou le collège dont on est membre et que l'institution où l'on a l'air d'être collègues n'est qu'un *lieu* et n'est pas un *lien* ». (Discours d'ouverture, 9 mars 1855).

Collège, Michel Brunet, Charles Bénard, Adolphe Chéruel, entrent directement, au sortir des bancs du Collège, à l'École normale et en ressortent bientôt agrégés. Il en sera de même pour Louis Rozey. A côté de lui, Balavoine et Dubloc, futurs abbés et professeurs de l'enseignement libre, achevaient leurs études au Collège de Rouen, en 1831 et 1833. Quant à notre classe, trois d'entre nous se destinèrent, en quittant le Collège, à l'enseignement secondaire, Frédéric Baudry et moi-même, en 1835, et Jules Leroy, en 1836. Tous les trois nous avions tenu la tête de la classe pendant tout le cours de nos études (1). Comment, en effet, songer à entrer dans l'enseignement, quand on sait à peine pour soi-même ?

D'où nous venait donc cette confiance qui nous portait vers une carrière semée de tant de difficultés ? Elles étaient grandes, en effet, pour entrer à l'École normale, la voie la plus sûre et la plus commode pour arriver au professorat. Mais combien elles étaient plus grandes encore pour ceux qui suivaient la voie libre ! Il fallait conquérir le diplôme de la licence ès-lettres, dont la Faculté des lettres de Paris se montrait fort avare, et puis, après deux ans d'exercice, on avait la liberté d'affronter l'Agrégation. S'y présenter sérieusement était impossible, les Agrégations de tout genre étant alors un véritable concours, comme le portait l'arrêté ministériel. (2) Chaque année, le Ministre de l'Instruction publique

(1) Baudry, externe libre, de la quatrième à la rhétorique, avait remporté quinze prix et dix accessits ; Leroy, interne, de la classe des commençants à la philosophie, vingt et un prix et vingt-trois accessits ; Bouquet, élève de pension, de la sixième à la rhétorique, dix-huit prix et vingt-deux accessits.

(2) En 1841, 71 concurrents se disputèrent les huit chaires de l'Agrégation de grammaire mises au concours, et le Bureau

limitait le nombre des agrégés au nombre de chaires devenues vacantes, et le jury n'en recevait pas un seul de plus.
Une chaire était disputée, en moyenne, par huit ou neuf
concurrents ! La lutte exigeait bien quatre ou cinq ans
de préparation.

Pour songer à embrasser cette carrière, les anciens
élèves du Collège de Rouen avaient, comme point de
départ, les fortes études faites sous l'habile direction de
leurs maîtres. Sans doute il fallait y ajouter, soit en
redoublant une ou deux classes, à Paris, pour entrer à
l'École normale, ou bien, quand on prenait la voie libre,
en suivant les cours du Collège de France et de la Sorbonne et en travaillant ferme sous la direction des savants
maîtres qui peuplent les collèges de la capitale. On finis-
sait toujours par arriver à l'Agrégation (1).

recommanda huit autres concurrents à la suite. En 1842, le nombre
des concurrents fut de 97 pour 12 chaires. Après la loi de 1850, les
Agrégations furent plutôt un examen qu'un concours. Aussi, dans
l'Université même, on distingue l'ancienne Agrégation de la nouvelle.

(1) Pendant les deux années 1836 et 1837, je suivis, au Collège de
France, les cours de M. Burnouf (Éloquence latine), et Boissonnade
(Poésie grecque). A la Sorbonne, ceux de MM. Jouffroy (Philosophie), Saint-Marc-Girardin (Littérature française), Patin (Poésie latine), David, suppléant (Littérature grecque). — Les professeurs de
grec lisaient les textes de leur cours d'après la méthode byzantine,
qui doit se rapprocher bien plus de la prononciation des anciens
Grecs que celle d'Érasme, adoptée en France, et tout à fait arbi-
traire. Ils insistaient aussi sur l'importance de l'accentuation. L'enseignement du Collège de Rouen était complètement muet sur ces
deux points.

Pour les devoirs, je pris les conseils de M. Valton, professeur de
seconde au Collège Stanislas, humaniste des plus distingués, et de
M. Sarret, professeur divisionnaire de quatrième, à Louis-le-Grand.
La mise en grec du texte français le plus abstrait n'était qu'un jeu
pour ce dernier. C'est à eux que je dois d'être arrivé à la licence

Longtemps, sur le chapitre spécial de l'enseignement, les bons élèves des générations d'écoliers qui nous suivirent imitèrent notre exemple, de sorte qu'on peut dire, en toute vérité, pour toutes les classes de cette époque :

Disce omnes.

Ordine ab uno

Apprends par une classe à les connaître toutes (1).

Mais dans combien d'autres carrières réussirent nos camarades de la même classe !

Qu'on me permette de rappeler, à l'honneur de nos maîtres, que sept de ces élèves figurent sur les cadres de la Légion d'honneur, trois chevaliers et quatre officiers, à des titres bien différents. En la seule année 1864, et le même jour, quand nous étions voisins du cap de la cinquantaine, Frédéric Baudry, comme Bibliothécaire de

ès-lettres, en 1840, et à l'Agrégation de grammaire, en 1842, pour les compositions écrites.

Quant à l'Agrégation des classes supérieures de lettres, que j'obtins en 1850, je n'eus d'autre préparateur que moi-même. Elle me valut la chaire de seconde et celle de Littérature française, à l'École des Sciences et des Lettres de Rouen, que j'occupai pendant vingt ans.

En ce temps-là, on ne connaissait pas encore les bourses de Licence et d'Agrégation. Les candidats devaient se suffire à eux-mêmes, et souvent dans des conditions de service et de position très pénibles.

(1) Après nous, je trouve 21 élèves du Collège de Rouen, entrés dans l'enseignement, 10 revinrent à Rouen : Bachelet, Le Barbier, Pinchon, Ducoudré, Maridort, Caron, Lucas, Deleau, Nebout, Lelieuvre ; 11 restèrent hors de Rouen, et presque tous à Paris : Mauduit, Guibout, Périgot, Émonin, Massieu, Labbé, Maillet, Masqueray, Édet, Picard, Peignier. Avec les 8 précédemment cités, cela fait 29 professeurs sortis du Collège de Rouen, et la liste n'est pas complète. — On peut y joindre les abbés Margueritte, Audelin et Gilles, dans l'enseignement libre.

l'Arsenal, Étienne Asselin, comme ingénieur des ponts et chaussées à Caen, et moi-même, comme professeur de seconde au Lycée de Rouen, où j'achevais ma vingt-septième année de service, nous fûmes tous les trois nommés chevaliers de la Légion d'honneur (1).

Ce succès et ces distinctions nous les rapportions en partie aux solides leçons de nos maîtres, et nous leur en étions sincèrement reconnaissants, comme nous l'étions déjà en sortant de leurs mains. C'était une grande diffé-rence avec ce qu'avait dit un ancien élève du Collège de Rouen, mon devancier dans des souvenirs de ce genre (les siens vont de 1817 à 1723), qu'il rappelait en 1857. « Au bout de tant d'années, disait M. Théodore Muret, on pèse dans une balance impartiale ses griefs et ses res-sentiments d'écolier, et l'on rend équitable justice à tel maître que l'on accusait jadis. » Agir autrement et en garder rancune serait la marque d'un petit esprit, qui s'accuserait lui-même, la punition n'étant que la rançon d'une faute commise.

Notre justice n'était pas si tardive. Entre les années 1836 et 1840, nous étions bien, à Paris, une trentaine de Normands, ayant terminé, les deux ou trois années pré-

---

(1) Les 4 autres sont : Prosper Harel, capitaine de frégate ; Charles Godefroy, sous-directeur au Ministère de la Marine ; Jules Reiset, agronome et chimiste, et Eugène Debons. Là encore, la liste est incomplète. — Des élèves marquants se retrouvent aussi dans bien d'autres générations d'écoliers. Pour s'en convaincre, il n'y a qu'à lire le chapitre de M. Raoul Aubé, intitulé : « Les élèves qui se sont fait un nom » dans le *Lycée de Rouen*, 1892, pages 161-198. — Il va depuis le xviie siècle jusqu'à nos jours, et le nombre, en tous genres, est considérable, quelque chose comme 150 noms, mais avec des droits bien inégaux à ce titre honorifique « d'élèves qui se sont fait un nom ».

94

cédentes, nos études au Collège de Rouen. Comme l'instruction reçue au collège n'est que la préface des connaissances spéciales nécessaires pour s'ouvrir une carrière, les uns étudiaient le Droit, les autres la Médecine, d'autres les Beaux-Arts, d'autres étaient à l'École Polytechnique, d'autres enfin songeaient à l'enseignement. De ce nombre était Baudry qui, pensionnaire en chambre à Sainte-Barbe, redoublait sa rhétorique à Louis-le-Grand pour entrer à l'École normale. Nous causions souvent ensemble de Rouen, de nos anciens maîtres et de nos études, nous préparant tous les deux à l'enseignement. Un jour, il me dit : « Tu vois bien, mon bon, eh bien ! la rhétorique du père Magnier valait bien celle de MM. Desforges et Rinn (les deux professeurs de cette classe à Louis-le-Grand). La seule différence est dans la force des devoirs faits par des redoublants. La préparation au Grand Concours et à l'École normale est en cause. Quant à l'Histoire, Gaillardin (un des professeurs de cet enseignement pour les hautes classes; l'autre était M. Wallon), ne vaut pas Chéruel (1). » — Baudry, esprit éclairé, calme et réfléchi, devait être un bon juge, comme le prouvent ses succès de l'année suivante, 1837, en philosophie (2). Aussi se montrait-il reconnaissant envers ses professeurs de Rouen.

Tous les autres camarades, arrivés à leur vingtième

(1) A Rouen, tout professeur d'un certain âge devenait aussitôt : *Le Père Un tel.* C'était la règle. Pour les jeunes, le nom seul se disait,

Sans le moindre *Monsieur*, tout à fait hors d'usage.

Il en était de même pour nos maîtres de pension. L'affection n'en souffrait pas le moins du monde.

(2) A Louis-le-Grand, Baudry remporta : Dissertation française : 1er accessit. Dissertation latine : 2e accessit. Excellence : 2e accessit. Au concours général : Dissertation française : 1er accessit. Disserta-

année, partageaient ces mêmes sentiments, pour des motifs identiques. C'est que, sous des dehors sévères, que le devoir rendait quelquefois austères, nos maîtres avaient pour nous une tendre et sincère affection ; nous le savions bien. Et puis, par l'analyse des chefs-d'œuvre de l'esprit humain, n'avaient-ils pas les premiers développé dans nos âmes le culte du beau, le sentiment de l'honnête et l'amour du vrai. Pleins de foi dans l'excellence de l'enseignement classique, nous les admirions avec notre esprit, nous les aimions avec notre cœur, et nous leur en étions sincèrement reconnaissants.

J'ai souvent cherché la cause de cette disposition morale, toute naturelle, quand arrivent les années, mais bien rares, au sortir du collège, et je crois l'avoir trouvée dans l'âge plus avancé où nous terminions alors nos études, entre dix-huit et dix-neuf ans.

Un habile pédagogue a fait avec raison cette remarque : « Il existe un lien entre l'âge et l'instruction, car les connaissances, pour être sûrement acquises et pleinement possédées, ont besoin que l'esprit ait une consistance qui ne vient qu'avec les années ». (M. Bréal). Voilà le bénéfice de l'âge pour l'esprit.

Mais ce bénéfice n'est ni moins grand ni moins réel

tion latine : 1ᵉʳ accessit. Quand il fut reçu à l'École normale, en 1837, M. Cousin, à cause de ses succès en philosophie, voulut le classer dans la section des philosophes. Mais, tout imbu des leçons de M. Chéruel, Baudry avait toujours pensé à l'Histoire et, fort indépendant par position et surtout par caractère, il aima mieux se démettre que se soumettre au joug de M. Cousin. Il n'a pas perdu au change. — Il fut un de ces élèves de Rouen que les professeurs de Paris « accueillaient par une prévention favorable dans leurs classes », comme le disait en 1831 M. l'Inspecteur général Naudet. Il ne voulut pas concourir en rhétorique comme vétéran.

pour l'ensemble de ces facultés affectives qu'on appelle
le cœur, parmi lesquelles la reconnaissance a sa place.
Comme la réflexion entre pour beaucoup dans cette dernière, l'âge en favorise l'éclosion. De là venait par anti-
cipation, chez nous, ce sentiment bien légitime autant
qu'il était naturel, la reconnaissance pour nos maîtres,
ainsi que l'a remarqué Voltaire pour les siens, dans une
lettre au R. P. De la Tour, jésuite, principal du Collège
de Louis-le-Grand.

J'ai été pendant sept ans, dit-il, chez des hommes qui se donnent
des peines gratuites et infatigables à former l'esprit et les mœurs de
la jeunesse. Depuis quand veut-on que l'on soit sans reconnaissance
pour ses maîtres ? Quoi ! il sera dans la nature de l'homme de revoir
avec plaisir une maison où l'on est né, un village où l'on a été
nourri par une femme mercenaire, et il ne serait pas dans notre cœur
d'aimer ceux qui ont pris un soin généreux de nos premières années ;
si des jésuites ont un procès au Malabar avec un capucin pour des
choses dont je n'ai point connaissance, que m'importe ! Est-ce une
raison pour moi d'être ingrat envers ceux qui m'ont inspiré le goût
des belles-lettres et des sentiments qui feront jusqu'au tombeau la
consolation de ma vie ? (A Paris, le 7 février 1746.)

Cette reconnaissance, Voltaire l'avait pour les PP. Thou-
lier et Paullou et surtout pour le P. Porée, longtemps
après avoir quitté ses maîtres de Louis-le-Grand. Nous
autres, nous l'avions de très bonne heure, pour tous ces
maîtres dévoués qui nous avaient prodigué, à Rouen,
tant de soins assidus, tant de talents sans prétention, entre
les quatre murs d'une classe, ou dans une modeste salle
d'études ; car notre reconnaissance ne séparait pas nos
bons maîtres de pension de nos excellents professeurs.

En résumé, voilà comment le vieux Collège de Rouen
« fut bâti en hommes », à une époque décisive de son
histoire. Sous la Restauration, l'enseignement littéraire

y avait été, comme partout ailleurs, trop exclusivement latin, calqué qu'il était sur la *Méthode des Etudes* en usage chez les Jésuites, en 1606. Aussi, peu de temps après la Révolution de 1830, on n'eut rien de plus pressé que de remédier aux exagérations de l'imitation du passé, sur plusieurs points, de renouveler l'enseignement de l'histoire et de la philosophie et de faire de nouveaux programmes où le français, les sciences et les langues vivantes occuperaient enfin, dans l'enseignement classique, la place qui leur était due. La génération d'élèves de notre temps garda, au sortir du Collège, une profonde reconnaissance aux maîtres habiles chargés de nous initier au nouvel enseignement.

En mettant fin à ces souvenirs, sur une période si restreinte de son histoire (six ans), j'adresse un dernier adieu au vieux Collège de Rouen, qui me reçut pendant quarante ans, un peu plus aujourd'hui que la moitié de ma vie ; six ans comme élève, et trente-quatre ans comme professeur. Je salue, avec une émotion profonde, cette vieille maison où j'ai eu le bonheur de trouver tant de maîtres savants et dévoués, tant de bons camarades et d'amis fidèles, durant tout le temps de mes études et jusqu'en mes vieux jours, ce cher Collège enfin, où j'ai rencontré plus tard, en dehors de mes maîtres, tant de collègues distingués par leur science et par leur amour du devoir, Lecaplain (père), Bénard, Delzons, Girault, Boutan, Anquez, Barni, Caro, pour ne citer que les plus anciens d'entre eux. Avec eux, comme précédemment, le Collège de Rouen se trouvait toujours « bâti en hommes ».

F. BOUQUET,

Professeur honoraire du Lycée Corneille
et de l'Ecole supérieure des Sciences et des Lettres de Rouen.

APPENDICE

I

(Se rapporte à la page 14).

Nous eûmes aussi pour camarade, en sixième, sous M. Sabbathier, et, en cinquième, sous M. Houé, Charles-Urbin Vacquerie, né à Villequier.

D'abord pensionnaire du Collège de Rouen, dans la classe des commençants, puis en septième et en sixième, 1827-1830, il passa, à cette date, dans la pension de MM. Berger, qui se trouvait, dans la rue du Grand-Maulévrier, à gauche, en montant, un peu au-dessus du coude fait en cet endroit par les bâtiments du Collège. Précédemment, cet établissement avait été occupé, en 1830, par les Frères des Écoles chrétiennes.

Charles Vacquerie eut deux prix et quatre accessits dans ces différentes classes, et quitta le Collège de Rouen après sa cinquième, à la rentrée de 1831.

Au nom de notre camarade se rattache le souvenir d'une catastrophe épouvantable. Il avait épousé, en 1843, Léopoldine Hugo, la fille du grand poète. Pendant sa lune de miel, il était à Villequier, dans sa famille, quand l'idée lui vint de faire une promenade, avec sa jeune épouse et deux autres membres de sa famille, dans une barque à voiles, comme il en avait depuis longtemps l'habitude. Ils s'embarquèrent, et c'est en vue de Villequier même, vis-à-vis de l'endroit appelé le *Dos-d'Ane*, qu'ils périrent tous victimes d'un naufrage causé par une violente raffale, dans la journée du lundi 4 septembre 1843. Les corps de Charles Vacquerie et de sa femme reposent dans le cimetière de l'église de Villequier.

Tous les camarades de Vacquerie ont été aussi surpris qu'affligés de cette terrible mort. A l'âge de quinze ans, quand nous apprenions tous la natation, chez Fessard père, dans l'île du Petit-Guay, située au bas du Boulevard Cauchoise et aujourd'hui disparue, Vacquerie était déjà un intrépide nageur et un plongeur habile, grand ami du canotage. Leur conviction a été que, ne pouvant sauver sa jeune épouse, il a mieux aimé périr avec elle.

Son frère, Auguste-Edmond Vacquerie, le publiciste et l'auteur si connus aujourd'hui, faisait ses études dans la classe qui suivait immédiatement la nôtre. En 1828, il entrait dans la classe des commençants, comme pensionnaire du Collège. A la rentrée de 1830, il suivait son frère dans la pension Berger, où il resta jusqu'en seconde inclusivement, en 1835, remportant, dans toutes ses classes, de très brillants succès, vingt-quatre prix et douze accessits. C'est alors qu'il quitta le Collège de Rouen pour aller à Paris terminer ses études dans le collège Charlemagne. L'une de ses pièces dramatiques, *Antigone*, témoigne des fortes études classiques qu'il avait faites.

II

JUGEMENT DE M. CHÉRUEL SUR LE MICHELET

DE LA DERNIÈRE ÉPOQUE

(Se rapporte à la page 75).

Le 12 février 1883, j'avais fait, dans le *Journal de Rouen*, un article non signé, sur les tomes II et III de l'*Histoire de France sous le ministère de Mazarin* (1651-1661), par A. Chéruel. Entre autres remarques, l'attention du lecteur était appelée sur la réfutation d'un passage de l'*Histoire de France* de Michelet, qui critiquait, bien à tort, le traité de Paris fait avec l'Angleterre, le 23 mars 1657. C'était dans une note que M. Chéruel terminait ainsi : « Je regrette d'être obligé de combattre l'opinion d'un maître, auquel je dois tant ; mais il m'est impossible de partager ses idées sur le traité de Paris, et en général sur la politique de Mazarin. » (Tome III. p. 55.) En historien sérieux, M. Chéruel pensait et disait : *Amicus Plato, magis amica Veritas.*

A propos de cet article, où j'essayais de mettre en relief les mérites de ce beau travail sur le ministère de Mazarin, M. Chéruel m'adressa la lettre suivante, le jour même où il recevait le numéro du *Journal de Rouen* qui en parlait :

Paris, 13 février 1883.

« Mon cher Ami,

« Je viens de recevoir le numéro du *Journal de Rouen* du 12 février, où votre amitié a bien voulu rendre compte de mon *Mazarin*. Je vous remercie de cet excellent article, où vous avez touché tous les points principaux avec la délicatesse nécessaire en pareille matière. Le traité avec Cromwell et les longues négociations qui l'ont précédé, sont, comme vous le remarquez, un des points qui ont soulevé le plus de critiques contre Mazarin. M. Michelet surtout l'a attaqué très vivement, et je vous suis reconnaissant d'avoir rappelé la note où j'ai dit un mot de cette polémique. J'aurais pu insister bien plus vivement ; mais je ne voulais parler qu'avec respect de mon ancien maître, que j'aimerai toujours, malgré les erreurs qu'il est impossible de ne pas constater dans les derniers volumes de son *Histoire de France.*

« Vous savez parfaitement qu'à partir du xvie siècle il a complètement changé de méthode et s'est laissé dominer par la passion. Le *Michelet*, dont on a parlé beaucoup dans ces derniers temps, est le Michelet de la dernière époque. Pour ceux qui, comme moi, l'avaient connu antérieurement, ce n'était plus le même homme. On pourrait se servir de cet argument contre les amateurs de portraits historiques, qui ne tiennent pas compte des changements survenus dans la vie d'un homme. Le changement n'avait pas été à son avantage ; mais rien n'a pu effacer le souvenir du maître, que nous avons entendu de 1828 à 1830 (à l'École normale), dans tout l'éclat et la jeunesse de son talent.

« Quant aux portraits historiques dont vous parlez avec tant de raison, il y aurait beaucoup à dire ; mais, à mon avis, l'erreur principale de ceux qui ont soutenu le portrait historique, c'est de ne pas tenir compte des différences que l'âge et les circonstances introduisent dans les caractères. Le Louis XI des dernières années, habile politique, mais cruel, superstitieux, redoutant les complots, ne ressemble pas au Louis XI de la *Ligue du Bien public*, imprudent, téméraire même au point de se livrer à son ennemi. Effacer les nuances et donner au jeune homme les traits du vieillard, c'est fausser l'histoire.

« Je me laisse entraîner à de longues dissertations, au lieu de vous répéter, comme je le devrais, que votre amitié m'a comblé et que d'ici à longtemps je ne veux plus la mettre à pareille épreuve.

« Adieu, mon cher ami, tout à vous de cœur et mille remercîments.

« A. Chéruel. »

Le jugement de M. Chéruel sur Michelet est autant
à l'éloge de son cœur que de son esprit. Le sincère
amour de la vérité, qui animait l'élève, ne pouvait le
porter à suivre son maître dans toutes les fantaisies qu'il
s'est permises sur Louis XIV, à commencer par la
fameuse division de son règne en deux parties :
*Louis XIV avant la fistule. — Louis XIV après la
fistule.* En historien de la grande école, malgré toute
son affection pour son maître, M. Chéruel ne pouvait
accepter les erreurs manifestes que des documents authentiques lui avaient fait reconnaître dans l'œuvre de
M. Michelet. Indépendant comme Horace, « il ne s'asser-
vissait à jurer sur les paroles d'aucun maître: »

Nullius addictus jurare in verba magistri.

Que de fois il m'a répété, dans nos entretiens ou dans
sa correspondance, ces belles paroles de Cicéron : *Nihil
est veritatis luce dulcius.* « Rien n'est plus doux que la
lumière de la vérité ! »

La seconde partie de la lettre est curieuse à cause des
judicieuses remarques qu'elle contient sur les portraits
historiques, si fort à la mode dans les deux siècles précé-
dents, un peu moins dans le nôtre, ces portraits où
l'antithèse, l'amour de la phrase prennent souvent la
place de la vérité. Ceux que nous devons à Fléchier, à
Duclos, à Thomas, à Montesquieu, à Vertot, au président Hénault, à de Fontanes, etc., n'échappent pas aux
reproches formulés par M. Chéruel, ni à la justesse de ses
remarques.

C'est par ce constant amour de la vérité que M. Chéruel,
l'auteur de la *Minorité de Louis XIV,* et du *Ministère
de Mazarin* (7 volumes in-8°), a conquis et qu'il gardera

toujours une place honorable parmi les bons représentants de la grande école historique, dont notre siècle a le droit d'être fier.

M. de Broglie ne pensait pas autrement que M. Chéruel sur le Michelet des dernières années. Poursuivant ses « Etudes diplomatiques », dans la *Revue des Deux-Mondes*, à propos d'un fait concernant Louise-Élisabeth de France, fille de Louis XV, mariée à l'Infant d'Espagne, Don Philippe, il n'hésite pas à dire : « Michelet n'a pas manqué d'enregistrer cette fable calomnieuse parmi toutes les autres dont son récit du règne de Louis XV n'est que la collection. » (15 octobre 1894, note de la page 746.)

ERRATA

—

Page 77, ligne 7, *au lieu de* : 165 prix et 452 accessits, *lire* :
155 prix et 462 accessits.

Page 55, ligne 28, *au lieu de* : repaire, *lire* : repère.